发现了科学

①物体和材料

姚峰　辛向东　蒋韬　主编

邱可曼　绘

北京科学技术出版社
100 层童书馆

本套丛书编委会

主编

姚　峰　辛向东　蒋　韬

编写

魏华丽　姚　峰　辛向东　蒋　韬　郑博森　袁　欣

殷明月　李潇潇　马雪姣　杜英杰　李　静

审校

李　轩

生志昊

图书在版编目（CIP）数据

发现了科学. 物体和材料 / 姚峰, 辛向东, 蒋韬主编；邱可曼绘. —北京：北京科学技术出版社，2024.3

ISBN 978-7-5714-3232-4

Ⅰ. ①发… Ⅱ. ①姚… ②辛… ③蒋… ④邱… Ⅲ. ①科学知识—少儿读物②物体—少儿读物③材料—少儿读物　Ⅳ. ① Z228.1 ② O4-49 ③ TB3-49

中国国家版本馆 CIP 数据核字（2023）第 176725 号

策划编辑： 黄　莺　余佳穗
责任编辑： 郑宇芳
封面设计： 殷晓璐
图文制作： 北京旅教文化传播有限公司
责任校对： 贾　荣
营销编辑： 赵倩倩
责任印制： 吕　越
出 版 人： 曾庆宇
出版发行： 北京科学技术出版社
社　　址： 北京西直门南大街 16 号
邮政编码： 100035
电　　话： 0086-10-66135495（总编室）0086-10-66113227（发行部）
网　　址： www.bkydw.cn
印　　刷： 北京博海升彩色印刷有限公司
开　　本： 710 mm×1000 mm　1/16
字　　数： 25 千字
印　　张： 2.5
版　　次： 2024 年 3 月第 1 版
印　　次： 2024 年 3 月第 1 次印刷
ISBN 978-7-5714-3232-4

定　　价： 200.00 元（全 7 册）

欢迎来到神奇的科学教室

你们好，我是**斯坦爷爷**，是小雪和小科的爷爷。我是一名科学家。

嘿！我是**小雪**。我喜欢探索奥秘！

嘿！我是**布布**，是小科的好朋友。我喜欢从不同的角度看问题。

嘿！我是**小科**。我是一个科学迷。

你们好，我是小科和小雪的**爸爸**。我是一名航天科研工作者。

你们好，我是小科和小雪的**妈妈**。我在大学里教生物。

材料教室

目 录

《物体和材料》这本书真难读。

这书里光材料就说了那么多。

斯坦爷爷!

材料的种类是逐渐变丰富的。古时候，人们用的一般都是天然材料，如木头、棉花、石头等。

这些材料到现在都还在使用！

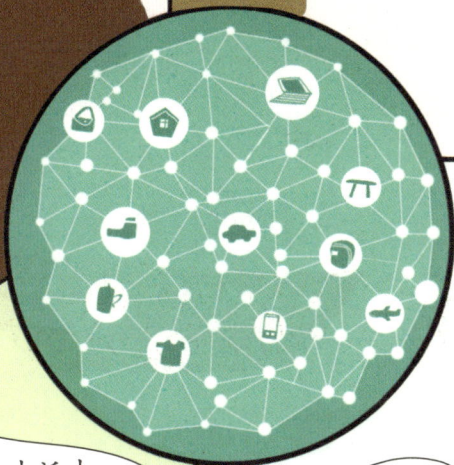

第一章 物体

物体的特征   观察物体的方法

仿生学   物体的浮沉

小雪在屋子里跑，一不小心，踢翻了一个盒子。盒子里装的是妈妈为她准备的识字卡片，卡片上写着各种物品的名称。

　　妈妈对小雪说："你可以在家里的物品上贴上对应名称的卡片。"

　　小雪开始在屋子里到处走，她给看到的物品都贴上了卡片，有玩具熊、地球仪、积木、篮球、妈妈的显微镜、爸爸的电脑……连小科正在做的船模也没落下。

　　"妈妈，所有的物品都被我贴上卡片啦！"小雪兴奋地说。

　　"小雪，世界上有千千万万种物品，它们都属于物体，人们用材料制造物品。"妈妈接着说，"关于物体和材料，还有很多有趣的内容等你去了解呢！"

电脑

地球仪

积木

显微镜

篮球

玩具熊

小科、小雪和布布一起坐在客厅看一部关于原始人的动画片。

故事中，原始人一家每天都过着一成不变的生活。白天，爸爸和儿子用石头和兽骨打猎，带着全家躲避野兽的追击，妈妈和奶奶用骨头做的针缝补兽皮衣服。晚上，一家人在山洞里守着火堆睡觉。

突然有一天，他们住的山洞被摧毁了，一家人穿越到了现代人类的世界。面对纷繁的新世界，他们既感到恐慌，又满怀好奇：这里怎么和我们住的山洞不一样？这里的人穿的、用的，这里的路上跑的、天上飞的都是什么……面对这个陌生的世界和这个世界里陌生的物品，他们心中有无数的疑问。

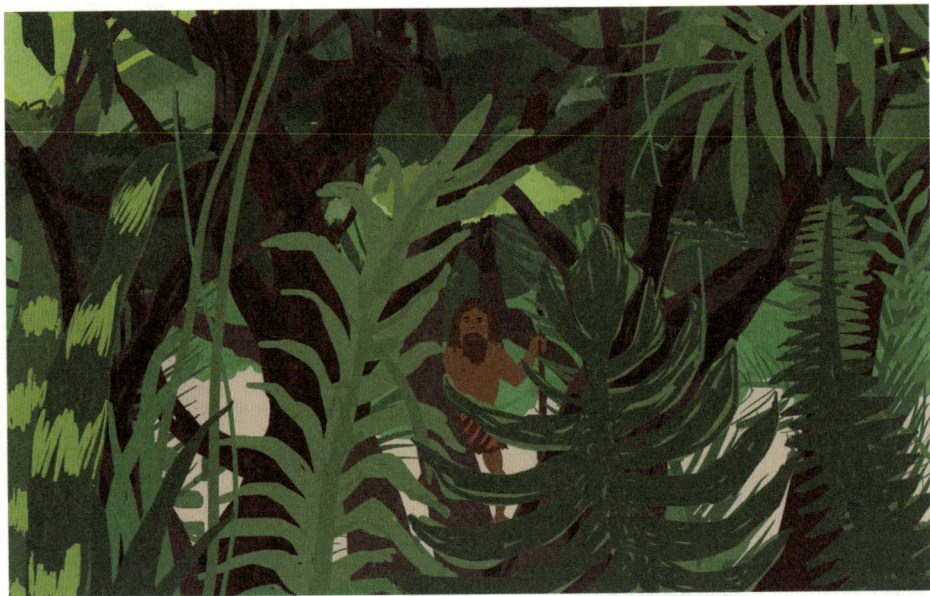

你来想一想

我们现在的生活和原始社会的相比，发生了翻天覆地的变化。你能说出在使用的物品上，有哪些变化吗？

物体和物质

"不管是原始人一家生活的世界，还是现代人类生活的世界，"爸爸说，"在人们身边都有许多东西，它们有各种各样的形状——圆的、长的、方的……"

"它们叫作什么呢？"小科和小雪一头雾水。

"它们是物体，"爸爸揭晓了答案，"构成物体的就是物质。"

地球仪

剪刀

眼镜

篮球

乒乓球拍

时钟

树叶

菠萝

梳子

上面的物体中，有哪些在原始社会和现代社会都存在？请把它们圈出来吧。

观察物体的方法

我们周围存在着复杂多样的物体，同一个物体有许多种不同的特征。在观察物体特征时，我们可以利用感官来感知物体的颜色、气味、和触感等。

例如，我们可以用眼睛来观察物体。从正面、背面、侧面等不同的角度观察一个物体，这样，我们能更全面地了解该物体的外形。

我们还可以运用天平、放大镜、刻度量筒等工具，更准确地观察和描述物体的特征。

放大镜

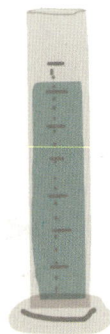

刻度量筒

天平

物体的特征

想要记住一个物体，最有效的办法就是记住它的特征，比如菠萝的颜色是黄色的，其形状是椭圆形的，其气味是清香的……

观察身边常见的物体，把你的观察结果写出来吧！

特征＼物体	菠萝	水杯	鸡蛋	肥皂	毛绒玩具
颜色	黄色				
形状	椭圆形				
气味	清香				
重量	重				
触感	粗糙				
其他					

实验 了解物体的浮沉状态

实验目的

通过观察物体和水之间的相互作用，认识物体的特征。

实验材料

石头、西红柿、肥皂、橡皮、泡沫板、带盖空瓶子。

实验步骤

1. 准备实验材料，并预测哪些材料会浮在水面上。
2. 依次把实验材料放入水中，仔细观察并记录实验材料的浮沉状态。
3. 将实验结果和预测结果进行比对，讨论影响物体浮沉状态的因素。

石头

西红柿

泡沫板

肥皂

橡皮

带盖空瓶子

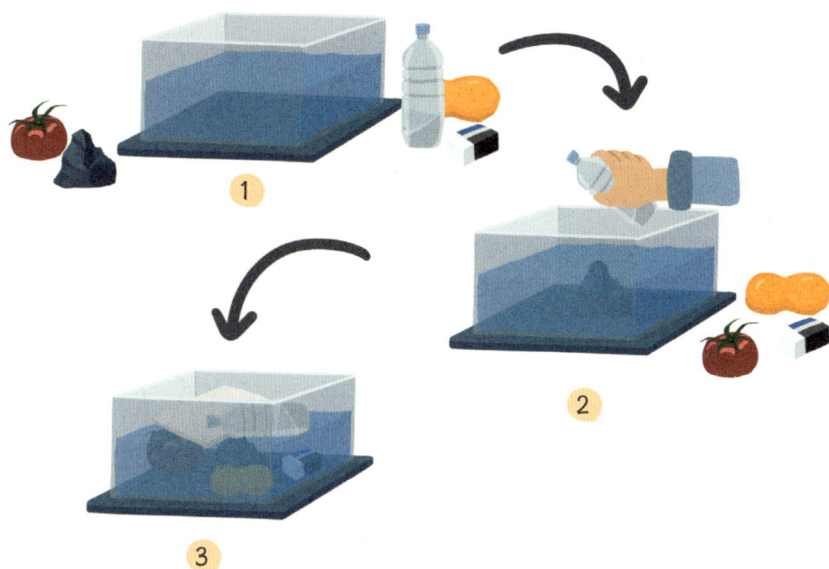

4. 把你在实验中观察到的现象记录下来。

	石头	西红柿	肥皂	橡皮	泡沫板	带盖空瓶子
预测结果						
理由						
实验结果						

实验小结

＿＿＿＿＿＿＿＿＿＿＿＿＿＿＿＿＿＿＿ 会浮在水面上，＿＿＿＿＿＿＿＿＿＿＿
会沉到水底。

仿生学

苍蝇是我们生活中很常见的昆虫，它看上去还不怎么讨人喜欢。不过，通过观察苍蝇，记录和分析它的身体特征，人们发明了许多高科技产品。

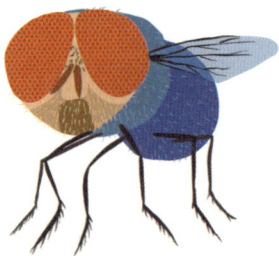

苍蝇的复眼

苍蝇的复眼很大，复眼里有很多个小眼，这些小眼让苍蝇在飞行的时候能准确地定位，快速地找到目标。"蝇眼"相机和振动陀螺仪都是通过观察并模仿苍蝇的生物特征而研制出来的。

从古至今，仿生学应用于人类生活的方方面面。比如通过模仿鱼鳍，人们制作出船桨；通过模仿苍耳的刺，人们制作出尼龙搭扣；通过研究海豚的生物特征，人们制造出外观像海豚一样的潜艇……

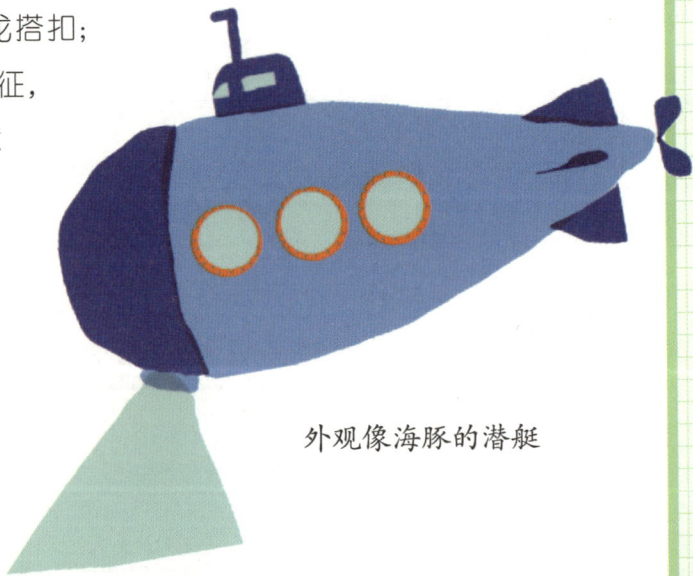

外观像海豚的潜艇

第二章
材料的性能

塑料　　　玻璃

金属　　木头

纤维　　　橡胶

"快，快！"小雪手里提着垃圾，飞快地奔向小区的垃圾站。每天晚饭后，小雪都要玩会儿轮滑。在那之前，她得帮妈妈扔垃圾。

咦？有点儿不对劲。1、2、3、4……今天的垃圾站里竟然立着 4 个垃圾箱，每个垃圾箱上还有不同颜色的标识。

"这……我应该把垃圾扔进哪个箱子呢？"小雪非常困惑，只好又提着垃圾回家了。

"小雪，你怎么又把垃圾拎回来了？"妈妈惊讶地问。

"垃圾站变样了，我……我不知道该把垃圾扔到哪里。"小雪说。

"哎呀，我把这事儿给忘了！"妈妈恍然大悟，"我们小区开始实行垃圾分类处理了。"

来，我们看看怎样给垃圾分类！

为什么要给垃圾分类呢？难道垃圾还有不同用处吗？

当然啦！在我们日常丢弃的垃圾中，有的可以被重新利用，比如纸箱、书本、易拉罐、饮料瓶、旧衣服、毛绒玩具等。

处理垃圾的主要方式是填埋和焚烧，这样的处理方式给环境带来很多问题。比如，塑料制品焚烧后会产生大量有毒气体，这会污染空气，也会对人体造成损害；含有重金属的垃圾在填埋后会污染土壤和地下水源……

因此，垃圾分类就显得很有必要了。

可回收物

厨余垃圾

其他垃圾

有害垃圾

生活垃圾主要分为可回收垃圾和不可回收垃圾。可回收垃圾包括废纸、塑料、玻璃、金属和布料等。厨余垃圾、有害垃圾和其他垃圾这三类是不可回收的。垃圾处理厂的工作人员会根据可回收垃圾的特征，对它们进行不同形式的加工，把其中能够重新利用的部分从垃圾中分离出来，变废为宝。

　　以电脑的回收处理为例，经过拆解，鼠标、键盘等塑料配件会被加工成塑料颗粒，成为可再次利用的材料；金属外壳中的铝会被冶炼成新的金属材料；电路板上含有金、银等多种贵金属材料。

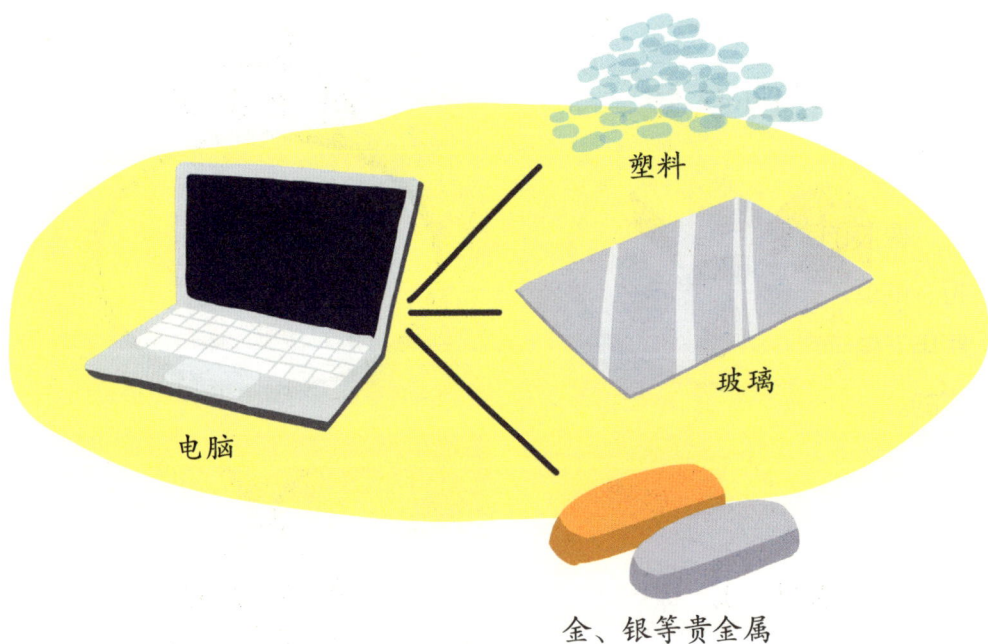

塑料

玻璃

电脑

金、银等贵金属

你来想一想

请随便找一件物品，看看它是由什么材料组成的。

材料

来看看我们生活中有哪些常见的材料吧。

塑料

塑料有很多种类，绝大多数塑料的化学性质稳定，它轻便、耐腐蚀能力强。

塑料制品的制作成本很低，塑料制品容易加工、防水耐用。生活中常见的塑料制品有矿泉水瓶、保鲜膜、洗脸盆……

橡胶

橡胶的弹性很好，这种材料抗压、抗撕拉、耐磨、不导电。因此，汽车轮胎、雨鞋、医用无菌手套和电线外皮等一般都是用橡胶制成的。

纤维

生活中我们接触到的各种纺织品，其中大部分都是以纤维为原料制作而成的。纤维分为天然纤维和化学纤维，棉、麻、羊毛、蚕丝属于天然纤维；化学纤维则是以天然材料为原料，经过化学方法加工而成的合成纤维，制作牙刷毛的聚酰胺纤维（俗称"尼龙"）就是化学纤维。

金属

　　金属一般都具有光泽，有一定的可塑性。金属导热性良好，大多数炊具都是由金属制成的。金属还有良好的导电性，工业生产和日常生活中必不可少的电线的线芯也是由金属制成的。

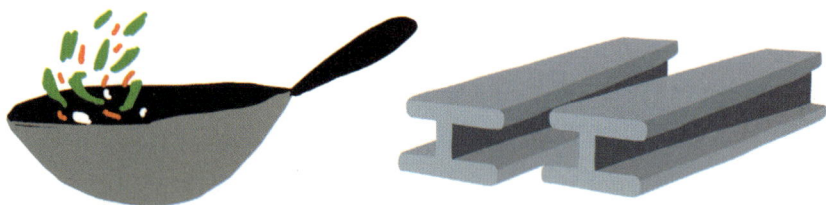

玻璃

　　玻璃有良好的透光性，它常被用来制作建筑物和交通工具的窗户。玻璃的化学性质比较稳定，它常被用来制作实验容器。玻璃制品的表面光滑、易清洗，不容易残留污渍，所以玻璃也常被用来制作餐具。

木头

　　木头是一种非常古老的天然材料。早在一千多年前，古人就已经开始使用木头搭建房屋。钢筋混凝土建筑出现后，木头更多地用于家具制作。

实验 材料的隔音性

实验目的

通过实验，了解不同材料的隔音性。

实验材料

闹钟、玻璃罩、泡沫箱、纸盒、衣服、锡箔纸。

纸盒

衣服　　　闹钟　　　锡箔纸　　　玻璃罩　　　泡沫箱

实验步骤

1. 调响闹钟，将闹钟依次放入玻璃罩、泡沫箱、纸盒、衣服、锡箔纸内。

2. 站在与闹钟距离相同的位置，记录听到的音量。

3. 对比、分析不同材料隔音性的强弱。

实验小结

以上材料隔音性由强至弱分别为_____、_____、_____、_____、_____、_____。

新型材料和材料分类

不管是天然材料，还是人工材料，都有各自的优缺点。随着科技发展，新型材料备受瞩目。石墨烯是目前强度最大的，也是最薄的新型材料。它因良好的导电性，常被应用于计算机和航天航空等领域。合成纳米材料是医学领域的新型材料，用它制成的人工角膜，为失明的患者带来重获光明的希望。

在常见的物体中，有的是由单一的材料组成的，比如实木筷子、钢勺、玻璃杯等。我们对它们进行垃圾分类时，可以简单地根据材料的性质进行分类。

还有一些物体是由不同种类的材料组成的，其制作工艺复杂。以旧手机为例，如果将其作为垃圾进行分类的话，旧手机属于可回收垃圾。其中，手机的显示屏使用了玻璃，它的电路板则使用了微量的贵金属材料。这些材料都有可回收利用的价值。

同时，旧手机还属于有害垃圾，因为手机电池里含有对人体有害的重金属。随便丢弃旧手机会污染我们生活的环境。

"那旧手机应该怎样处理呢？"小雪问妈妈。

"有个比分类丢弃更好的办法，"妈妈说，"就是删除个人信息后，把旧手机卖给回收二手手机的地方。"

第三章
混合与分离

混合物

溶液　　　混合物分离

小雪经过小科身边，发现他目不转睛地盯着平板电脑，正在看一档节目《荒野求生》。这个节目讲述如何在沙漠、沼泽、森林、峡谷等恶劣野外环境中求生。节目中，冒险家贝尔每到一个地方，最先做的就是寻找干净的水源。

　　"这条小河里的水清澈见底，直接喝不就行了？"小雪说。

　　"那可不行，"小科提醒道，"先别说水里有细菌和寄生虫，就算你过滤了水中明显的杂质，对身体有害的东西也有可能溶解在水中。"

　　自然界中有没有纯净的水呢？

　　贝尔探访的大多是荒山野岭和人迹罕至的地方。山泉、小溪、河流、雨水、露水等自然界中常见的水源并不洁净，因为水中会混入许多杂质。

　　海水更是野外求生时一定要避开的水源。看似清澈的海水，其盐分含量过高，远远超过人体能够承受的范围。

我们周围能看到的水，几乎都是混合物。就算是净化过的自来水和饮用矿泉水，其中依然保留了一些对人体有益的矿物质。

在《荒野求生》中，贝尔示范了如何在沼泽中获取可以饮用的水。

沼泽水中不仅混有泥沙，还有许多腐烂的植物以及死去的小生物。贝尔先用衣服充当布袋子，装上一大包沼泽水，再用容器收集从衣服纤维中渗出的相对洁净的水。这时的水看起来已经比过滤前干净很多，但还不能饮用。

接下来，贝尔将过滤后的水煮沸，最终得到了可饮用的水。煮水的过程不仅可以杀死水里的寄生虫和微生物，还能减少水里过量的矿物质。

你来想一想

请你想一想，在野外，还有什么净化水的好方法？

混合物

混合物是由两种或两种以上的不同物质混合而成的物质。混合物分为不均匀混合物和均匀混合物。

在水中加入沙土，获得的就是不均匀混合物。沙土并没有溶解在水里，混合物没有形成稳定的状态，沙土在静置后会渐渐地沉到水底。因此，贝尔在处理沼泽水的时候，可以将沙土过滤出来。

从均匀混合物中取出任意一部分，其中的物质的性质都是相同的。比如矿物质溶解在水里，每一滴溶液里都有相同含量的矿物质和水。

混合物有气体、液体和固体这三种常见的形态。固体混合物有钢、铝合金、火药等；液体混合物有石油、白酒、血液等；空气是典型的气体混合物。

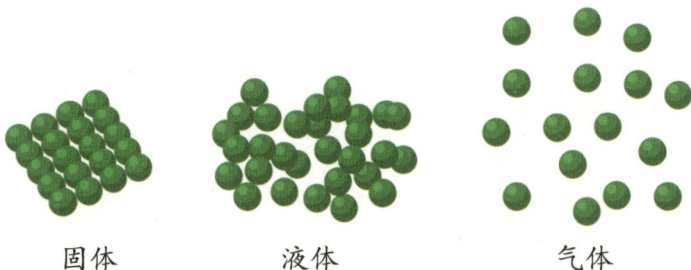

固体　　　　　液体　　　　　气体

固体、液体和气体分子间的距离示意图

溶液

溶液是一种均匀混合物，由溶质和溶剂组成。把食盐溶解在水中，食盐是溶质，水是溶剂，食盐在水中完全溶解后，盐水就是溶液。

实验 制作滤水净化器

实验目的

将液体中的不溶固体过滤出来。

实验材料

塑料瓶、水杯、小石子、活性炭、细沙、泥土、棉球、口罩。

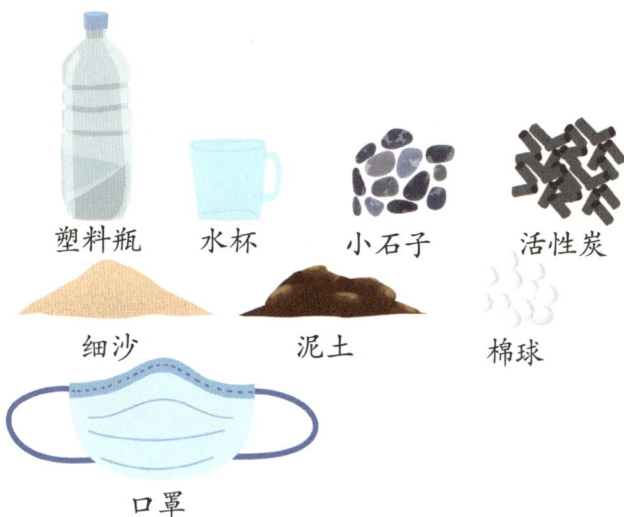

塑料瓶　　水杯　　小石子　　活性炭

细沙　　　泥土　　　棉球

口罩

实验步骤

1. 将塑料瓶剪成两段，带瓶盖的是上段，不带瓶盖的是下段。请父母帮忙在瓶盖上钻一个小洞，将塑料瓶上段翻转，放进塑料瓶下段中。

2. 在倒置的塑料瓶上段中，依次放入口罩、棉球、活性炭、细沙、小石子。

3. 在水杯中放入泥土和水，搅拌，使泥土与水充分混合。

4. 将泥水倒入自制的净化器中，观察从瓶盖小洞中流出的水的颜色。

实验小结

经过层层过滤，从自制净化器中流出来的水是＿＿＿＿＿＿＿＿＿的。

分离混合物

通过过滤，我们可以将泥土从泥水中分离出来。如果遇到其他类型的混合物，我们怎样才能将它们分离呢？

蒸馏、蒸发

从盐溶液和糖溶液中分离出溶液中的水：通过加热的方式，让溶液中的水蒸发，然后把水蒸气收集起来。

磁吸附

从盐和铁屑的混合物中分离出盐：利用铁能被磁铁吸附的特性，用磁铁吸走铁屑，分离出盐。

沉淀、蒸发

从沙子和水的混合物中分离出沙子：静置沙子和水的混合物，使沙子沉淀，倒掉水，等剩余水分蒸发后，分离出沙子。

溶解、过滤、蒸发

从盐和沙子的混合物中分离出盐：将盐和沙子的混合物倒入水中，盐溶解在水里，过滤沙子后，通过蒸发的方式，分离出盐。

分离混合物的方法远不止上面几种。为了分离不同的混合物，常常需要多种方式结合使用。

第四章
物质的变化

物理变化　　化学变化

今天，妈妈做了一桌子菜，其中有她最拿手的麻婆豆腐。肚子早就饿得咕咕叫的小雪忍不住尝了一口。"啊，好吃，但是……"小雪挥着手，朝嘴里扇风，"好辣！"

"快，喝口豆浆就好了。"小科给她倒了一杯甜甜的豆浆。

"'豆腐'和'豆浆'，它们的名字里为什么都有一个'豆'字呢？"小雪问。

"那就得了解一下制作它们的原料了。"妈妈笑着回答。

"它们都是用大豆做的，对不对？"小科问。

妈妈笑了笑，说："答对了，豆腐和豆浆都是用大豆做出来的，不过它们的做法不同。"

　　我国是最早种植大豆的国家。据史料记载，两汉时期，人们就已经开始用大豆制作好喝的饮料了。人们把大豆洗净，放在清水中浸泡，等到大豆膨胀、变软之后，再将大豆放入石磨里磨成糊状，然后，用布袋过滤这些糊状物，滤掉豆渣后，就得到豆浆了。

　　关于豆腐的发明，有很多种说法，其中被大家广为接受的是西汉淮南王刘安的传说——淮南王刘安热衷于长生不老之术，经常召集一些术士给自己炼丹药。一次，术士在炼丹的时候，无意间将卤水加入了豆浆中，阴差阳错做出了好吃的豆腐。

卤水和豆浆接触时，豆浆中大豆颗粒与水的交融状态被打破了。大豆颗粒里的蛋白质迅速凝聚在一起，形成了沉淀物，这个沉淀物就是我们平时吃的豆腐脑。我们将豆腐脑中的水分挤压、分离出来，卤水豆腐就做成了。

卤水是制作卤水豆腐必要的凝固剂，卤水的主要成分是氯化镁。大量摄入氯化镁对人体有害，但奇妙的是，用卤水制作的豆腐不仅无毒，而且味道鲜美，营养丰富。

你来想一想

豆子变成豆浆，豆浆变成豆腐，在这个过程中，究竟发生了哪些变化呢？

物理变化

在物理变化中，物质的外形和状态发生了变化，但该物质的化学组成并没有发生变化。简单来说，物理变化之后，没有新的物质产生。

将大豆制作成豆浆的过程就包含物理变化。用水磨将泡好的大豆磨成豆浆，这只是将大豆研磨成了细小的颗粒，使大豆蛋白质均匀地分散到了水中。在这个过程中，大豆中的蛋白质、脂肪、碳水化合物，以及其他成分没有发生变化，也没有新的物质产生。

水的沸腾和结冰、蔗糖溶解、酒精挥发，以及使用分馏法获得石油制品等，这些都是物理变化。

在物理变化中，物质外形会发生改变，物质状态也会发生改变。在物理学中，我们把物质从一种状态变化到另一种状态的过程，叫作物态变化。

物质常见的状态有气态、液态和固态三种。这三种状态之间的变化有熔化、凝固、汽化、液化、升华、凝华。通常我们把这些状态和变化形式称作"三态六变"。

糖的溶解

化学变化

与物理变化相比，化学变化最核心的不同之处就是它产生了新物质。化学变化还常常伴随吸热和放热等能量的变化。

在把豆浆制作成豆腐的过程中，大豆中的蛋白质与卤水中的氯化镁接触，产生了不溶于水的新物质，所以，豆浆变成豆腐的过程包含化学变化。

在化学变化中，物质的颜色发生改变，沉淀生成，这只是化学变化伴随的现象，并不能成为判断该变化是否为化学变化的依据。比如豆浆经过长时间静置，其下层也会形成沉淀，但这是物理变化。判断一种物质变化是物理变化还是化学变化，归根结底还是要看是否有新物质生成。

日常生活中，常见的化学变化有铁器生锈、烟花燃烧、金属冶炼、食物腐烂等。

生锈的铁链

绽放的烟花

物质变化的实际应用

　　物质变化对我们的日常生活有着非常重要的意义，合成物就是物质变化的产物。

　　为了发挥不同金属的特性，人们将多种金属和其他混合物熔合在一起，制造出了合金。与纯金属相比，合金硬度更大、导电性更强。如果改变合金的金属配比及合成条件，我们就能得到不同性能的合金，扩宽其应用范围。

　　人们对自然材料进行一系列处理，制造出了聚酯纤维。聚酯纤维有弹性好、不易变形、防火隔热、防潮等优点，弥补了很多天然材料的不足。

实验 模拟火山喷发

实验目的

模拟火山喷发的场景，理解化学变化。

实验材料

塑料瓶、小苏打、陶艺泥、白醋、洗涤剂、红色色素、护目镜。

小苏打　　　　　陶艺泥　　　　塑料瓶　　　白醋

护目镜　　　　　红色色素　　　　洗涤剂

实验步骤

1. 用陶艺泥包裹住塑料瓶，并把它捏成火山的形状。

2. 戴上护目镜，向塑料瓶中倒入小苏打和用水化开的红色色素，搅拌均匀。

3. 向塑料瓶中倒入适量洗涤剂，搅拌均匀。

4. 向塑料瓶中倒入适量白醋。

1

2

3

4

实验·小结

　　将白醋倒进塑料瓶之后，塑料瓶里的混合物＿＿＿＿＿＿＿＿＿＿＿。

　　在步骤1中，陶艺泥的形状发生了变化，没有新的物质生成，所以这是物理变化。在步骤2~4中，大量气体产生，红色的混合溶液不断地喷涌而出。而这些气体，正是实验产生的新物质——二氧化碳。这也说明了在实验过程中发生了化学变化。

孪生兄弟——金刚石和石墨

同样都是用大豆做成的食品，豆浆和豆腐从外观上看，已经大不一样。从微观层面来看，同一种物质的原子的构成方式不同，其特性是不是也不同呢？

亮闪闪的钻石常被镶嵌在昂贵的首饰上。可你知道吗，钻石和我们常见的铅笔芯竟然都是由同一种元素构成的！

钻石的学名是金刚石，纯净的金刚石是无色透明的固体。铅笔芯则是

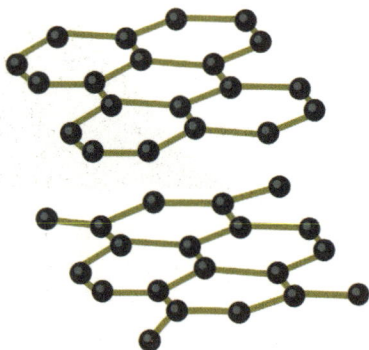

石墨晶胞

由石墨和黏土混合而成。石墨是一种黑色的、有金属光泽的细鳞片状固体。

金刚石和石墨都是由碳元素构成的，但由于其碳原子的排列组合方式不同，二者的物理性质也天差地别。金刚石坚硬无比，可以做成切割玻璃的玻璃刀，而石墨轻轻摩擦就能在纸上留下痕迹。

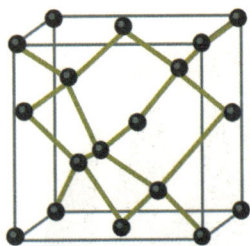

金刚石晶胞

发现了科学

②运动和力

姚峰　辛向东　蒋韬　主编

邱可曼　绘

北京科学技术出版社
100 层童书馆

本套丛书编委会

主编

姚　峰　辛向东　蒋　韬

编写

魏华丽　姚　峰　辛向东　蒋　韬　郑博森　袁　欣

殷明月　李潇潇　马雪姣　杜英杰　李　静

审校

李　轩

生志昊

图书在版编目（CIP）数据

发现了科学. 运动和力 / 姚峰, 辛向东, 蒋韬主编；邱可曼绘. —北京：北京科学技术出版社，

2024.3

ISBN 978-7-5714-3232-4

Ⅰ. ①发… Ⅱ. ①姚… ②辛… ③蒋… ④邱… Ⅲ. ①科学知识—少儿读物②运动学—少儿读物

③力学—少儿读物　Ⅳ. ① Z228.1 ② O3-49

中国国家版本馆 CIP 数据核字（2023）第 176729 号

策划编辑： 黄　莺　余佳穗
责任编辑： 郑宇芳
封面设计： 殷晓璐
图文制作： 北京旅教文化传播有限公司
责任校对： 贾　荣
营销编辑： 赵倩倩
责任印制： 吕　越
出 版 人： 曾庆宇
出版发行： 北京科学技术出版社
社　　址： 北京西直门南大街 16 号
邮政编码： 100035
电　　话： 0086-10-66135495（总编室）0086-10-66113227（发行部）
网　　址： www.bkydw.cn
印　　刷： 北京博海升彩色印刷有限公司
开　　本： 710 mm × 1000 mm　1/16
字　　数： 25 千字
印　　张： 2.5
版　　次： 2024 年 3 月第 1 版
印　　次： 2024 年 3 月第 1 次印刷
ISBN 978-7-5714-3232-4

定　　价： 200.00 元（全 7 册）

欢迎来到神奇的科学教室

你们好，我是**斯坦爷爷**，是小雪和小科的爷爷。我是一名科学家。

嘿！我是**小雪**。我喜欢探索奥秘！

嘿！我是**布布**，是小科的好朋友。我喜欢从不同的角度看问题。

嘿！我是**小科**。我是一个科学迷。

你们好，我是小科和小雪的**爸爸**。我是一名航天科研工作者。

你们好，我是小科和小雪的**妈妈**。我在大学里教生物。

力学教室

*请勿模仿，注意骑车安全。

目录

下周就要举行拔河比赛了，大家加油！

首先，要选择体重大的同学参加比赛。

怎样才能赢得拔河比赛呢？

其次，比赛当天要穿鞋底花纹明显的、抓地效果好的运动鞋。

2

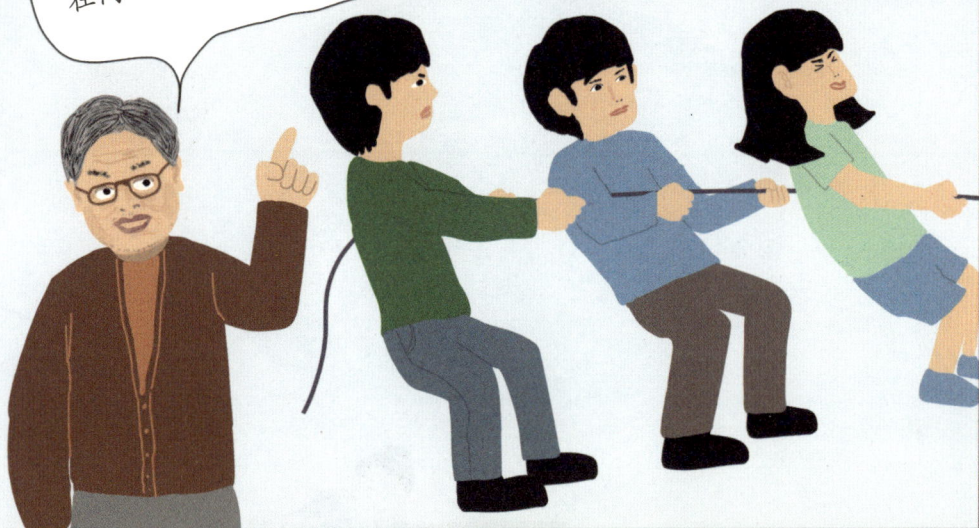

第一章 运动

刻舟求剑   静止

参照物

运动的相对性

爸爸妈妈带着小科、小雪和小科的好朋友布布参加了游轮旅行。三个小家伙在游轮的甲板上兴奋地跑来跑去，最后累得坐在躺椅上休息。

小科好像想起了什么，咯咯笑了两声，惹得小雪和布布一起看向他。

小科问："布布，坐船的时候，如果你身上的东西不小心掉进水里，你会怎么办？"

布布说："怎么办……我也不会游泳……是不是可以找专业的潜水员帮忙打捞？"

小科继续问："潜水员去哪儿打捞呢？"

布布说："那当然是从哪儿掉下去的就在哪儿打捞。"

小科又问："那你怎么判断东西是从哪儿掉下去的呢？"

布布抓了抓头发，说："这……这我可就不知道了。"

小科说："你们听过刻舟求剑的故事吗？"

布布说："没有，你快给我们讲讲吧。"

小科点了点头，说："古时候，一个楚国人出门远行。在乘船过江的时候，他一不小心把随身携带的剑掉进了江里。船上的人看见了，都让他赶紧把剑捞上来。可是，这个楚国人却不慌不忙地摇了摇头，他掏出一把小刀在

船舷上刻了一个记号，说：'我的剑就是从这个地方掉下去的。'

"船上的人不明白他想做什么，催促他说：'快下水去找你的剑吧，过一会儿船走远了，你就真的找不到你的剑了。'

"楚国人说：'急什么？我已经做了记号。'

"船上的人你看看我，我看看你，都哭笑不得。终于，船靠岸了，楚国人从船舷上刻着记号的地方跳进了水里，可他无论怎么找，都没有找到自己的剑。"

听完故事，布布哈哈大笑，说："这个楚国人也太好笑了，他怎么可能找得到剑！"

小雪也跟着说："掉进水里的剑又不会跟着船一起走，这个楚国人真糊涂。"

你来想一想

你觉得楚国人掉进水中的剑会在什么位置呢？

什么是运动

以刻舟求剑的故事为例，如果参照物是剑掉落处的江面，楚国人乘坐的船和那处江面的位置发生了变化，船载着楚国人进行了运动；如果参照物是楚国人自己，那楚国人和他乘坐的船之间没有发生位置变化。在物理学中，我们把一个物体相对于另一个物体位置的变化称作机械运动，简称"运动"。

运动和静止

怎样判断一个物体是运动的还是静止的呢？我们描述物体的运动状态时，必须先选取一个参照物。

比如，我们判断列车的运动状态时，可以选取火车站内的一棵树作为参照物。如果列车和那棵树之间发生了位置变化，列车处于运动状态；如果列车和那棵树之间没有发生位置变化，列车处于静止状态。

我们再来判断操场上篮球架的运动状态。如果我们选取操场作为参照物，操场上的篮球架处于静止状态；如果我们选取太阳作为参照物，由于地球围绕太阳公转，地球上的物体都处于运动状态，操场上的篮球

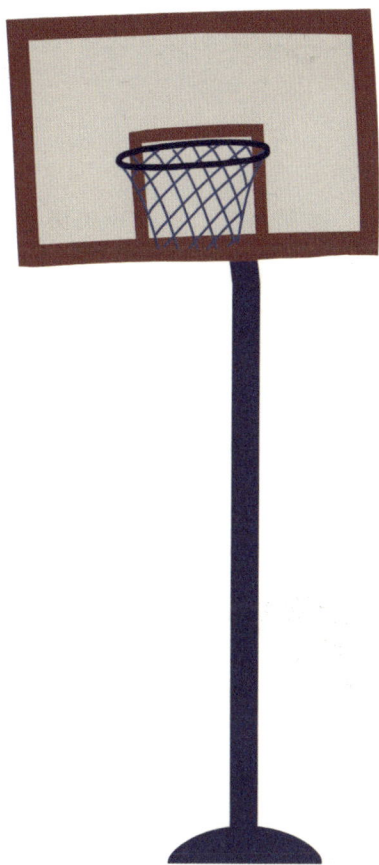

架也处于运动状态。由此可见，选取的参照物不同，同一种物体可能有不同的运动状态。

你们明白"运动"和"静止"这两个概念了吗？

我明白了。假设我们坐在一辆行进中的火车上，如果我们选择窗外的地面作为参照物，坐在火车座位上的人处于运动状态；如果我们选择火车座位作为参照物，坐在火车座位上的人就处于静止状态。

斯坦爷爷，如果我们把行进中的火车作为参照物的话，是不是车窗外的风景都处于运动状态呢？

假设马路上的两辆汽车以同样的速度行驶，那么坐在这两辆车里的人就是相对静止的，对吗？

对，你们太棒了！

实验 模拟"刻舟求剑"

实验目的

了解物体的相对运动。

实验材料

一本书、一支带笔帽的笔。

书　　　　　　笔

实验步骤

1. 将书放在桌面上,将扣好笔帽的笔放在书上。

2. 用手缓缓拉动书在桌面上移动。

3. 将笔从笔帽中拔出来,放在桌面上,笔帽摆放在书上。

4. 继续拉动书在桌面上移动一段距离后,停止拉动。

1　　　　　　　　　　　　　　　　2

③   ④

实验小结

1.拉动书时，书和书上面的笔相对于_____发生了位置的改变；但书和书上的笔之间并没有位置的改变，二者处于_____状态。

2.放在桌子上的笔相当于刻舟求剑故事中的_____；笔帽相当于刻舟求剑故事中的_____。

3.请总结一下笔、书、笔帽的位置变化。

_____

_____

_____

_____

_____

_____

_____

运动的地球

地球围绕太阳公转，这是大家都接受的事实。但在很久以前，人们可不这样认为。当时，地心说才是被普遍接受的真理，相信地心说的人认为，地球是宇宙亘古不变的中心。后来，随着天文观测技术的不断革新，人们对于宇宙的认知越来越丰富，天文学家开始怀疑地心说的正确性。

哥白尼

从 15 世纪波兰天文学家哥白尼提出日心说模型开始，经过无数天文学家的探索和研究，我们终于知道：在太阳系中，地球以太阳为中心，沿椭圆形轨道做循环运动。

我们把一个天体以另一个天体为中心，沿一定轨道做循环运动的现象叫作公转。地球绕太阳公转一周的时间约为 365 天。

除了绕太阳公转，地球还会自转。请你展开想象，想象你在北极点和南极点之间画了一条轴线，我们的地球就是以这条轴线为轴心在自转。这条轴线被称为地球自转轴，简称"地轴"。地球自转一周的时间约为 24 小时。

第二章
速　度

常见的运动速度

匀速直线运动

平均速度

速度单位

加速度

斯坦爷爷带着小科、小雪和布布在公园里玩捉迷藏。不一会儿，小雪就开始抱怨了。

"你们跑得太快了！我追不上！"

"哈哈哈……谁让你跑得那么慢。"布布笑嘻嘻地说。

最后，小科出来打圆场，说："要不我们都休息一会儿吧。"

三个小家伙坐在树荫下休息，小雪感叹道："还是这样一动不动地待着最舒服。"

小科伸出食指比画了一下，模仿地球的公转轨迹，然后说："你忘了我们学过的地球公转的知识吗？如果以地面为参照物，我们确实一动不动，但如果以太阳为参照物，我们一直在运动着。"

小科接着说："要是以太阳为参照物，我们跑得可快啦！因为地球绕太阳公转的速度差不多是 30 km/s。"

小雪忍不住笑起来，指着草丛里的蜗牛说："让你这么一说，蜗牛也爬得飞快！"

三个小家伙忍不住哈哈大笑。

"你们听过龟兔赛跑的故事吗？"斯坦爷爷笑眯眯地问。

"听过，"小雪说，"兔子和乌龟赛跑，兔子在比赛途中偷懒睡觉，最后它输掉了比赛。"

"那兔子和乌龟到底谁跑得快？"斯坦爷爷问。

"乌龟最后赢了

比赛，所以，应该是乌龟跑得更快吧。"小雪回答。

"在兔子睡觉之前，谁跑得更快？"斯坦爷爷继续问。

"是……兔子？"布布的声音听上去不太确定。

"是的，"斯坦爷爷回答，"你的结论是怎么得出来的呢？"

"乌龟率先到达终点，赢得比赛。这说明，相同的赛跑距离，乌龟用时更短，所以，乌龟跑得更快。"小科非常确定地回答。

小科接着说："睡觉前，兔子回头看了一眼被远远甩在身后的乌龟。这说明，在相等的时间里，兔子跑过的距离更远，所以，在兔子睡觉前，兔子跑得更快。"

"都答对啦！"斯坦爷爷称赞道。

你来想一想

雷雨天气，我们为什么总是先看见闪电，后听见雷声？

各种各样的速度

晚饭后，小科和家人一起观看电视节目《动物王国》，看着猎豹追逐猎物的画面，小科说："猎豹跑得可真快，它的奔跑速度居然达到 110 km/h！"

你们还知道哪些生活中常见的运动速度吗？

成年人的步行速度约为 1~2 m/s。

牙买加短跑运动员博尔特的跑步速度约为 10 m/s。

高速路上正常行驶的汽车速度约为 80~120 km/h。

金枪鱼是游得最快的鱼类之一，它的游动速度为 60~100 km/h。

轮船的航行速度约为 30 km/h。

民用飞机的飞行速度可达到 900 km/h。

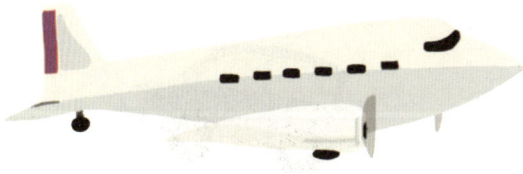

目前已知的飞得最快的昆虫是澳大利亚蜻蜓，它的飞行速度可达到 56 km/h。

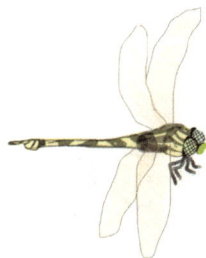

什么是速度

速度是描述物体运动快慢和运动方向的物理量。速度等于路程与时间之比。

如果一个物体始终沿着直线运动，并在运动中保持速度不变，我们就把这种运动称为匀速直线运动。匀速直线运动是最简单的机械运动，做匀速直线运动的物体，在任意相等时间段内经过的路程都是一样的。

对于进行非匀速直线运动的物体，我们该怎么判断它的速度呢？这就有了平均速度的概念。

在龟兔赛跑中，兔子在比赛过程中明显不是做匀速直线运动，它有时跑得快，有时跑得慢，甚至还在中途停下来睡觉。这时，我们就可以用平均速度来判断兔子和乌龟谁跑得快。相同的比赛距离，兔子跑完全程所花的时间比乌龟长，它的平均速度比乌龟慢，所以兔子输掉了比赛。

速度的计算公式

$$v = s/t$$

公式中的 v 代表速度，s 代表路程，t 代表时间。

常用的速度单位有：米每秒（m/s）、千米每小时（km/h）等。

什么是加速度

有没有一种物理量，既能描述速度变化的快慢，又能描述运动方向呢？有，那就是加速度。

静止的物体离开原来的位置开始运动，运动的物体慢慢停下来，静止在某一点，这些都是物体运动状态的变化。物体的运动状态发生变化，就一定存在加速度。

加速度和速度一样，是有方向的。我们踩下汽车油门，静止的汽车会慢慢加速出发，加速度的方向和运动的方向相同，物体运动的速度会越来越快；相反地，加速度的方向和物体运动的方向相反，物体的运动速度就会越来越慢，直到最后停下来。

加速度的计算公式

$$a = \Delta v / \Delta t$$

公式中的 a 表示加速度，Δv 表示速度的增量，Δt 表示速度发生变化所用的时间。这里的 Δ 是希腊字母，念作"德尔塔"，表示变量的变化。

实验 平均速度实验

实验目的

学会计算平均速度。

准备材料

秒表、直尺、薄木板、挡板、玩具车、木块。

挡板　　　　　　秒表　　　　　　玩具车

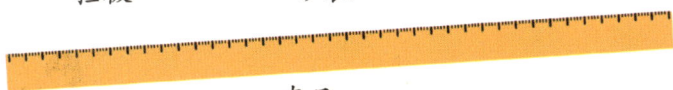

直尺

木块

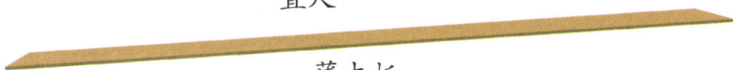

薄木板

实验步骤

1. 用薄木板搭出一个有坡度的斜面，把玩具车放在斜面的顶端，把挡板放在斜面的底端。测量玩具车从斜面的顶端到底端所通过的路程 $s1$。记录玩具车从开始运动到撞击挡板所用的时间 $t1$。

2. 使用测量得到的数据 $s1$ 和 $t1$，计算出玩具车通过斜面全程的平均速度 $v1$（$v1=s1/t1$）。

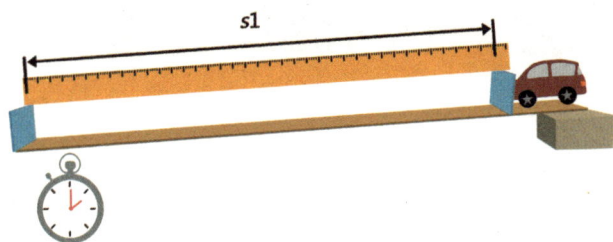

3. 将挡板移至斜面 1/2 的位置。测量玩具车从斜面顶端运动至斜面中间挡板位置的上半段路程 s_2。记录玩具车从开始运动到撞击挡板所用的时间 t_2，计算出玩具车通过斜面上半段路程的平均速度 v_2（$v_2=s_2/t_2$）。

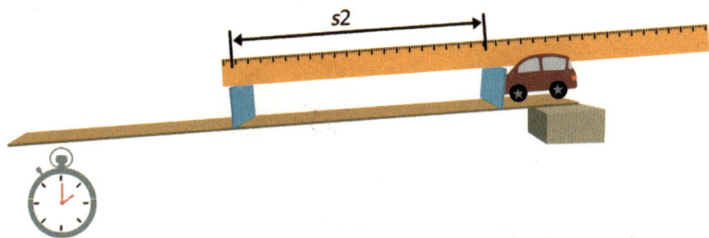

4. 计算出 s_3（$s_3=s_1-s_2$）和 t_3（$t_3=t_1-t_2$）的数值，再计算出玩具车通过下半段路程的平均速度 v_3（$v_3=s_3/t_3$）。

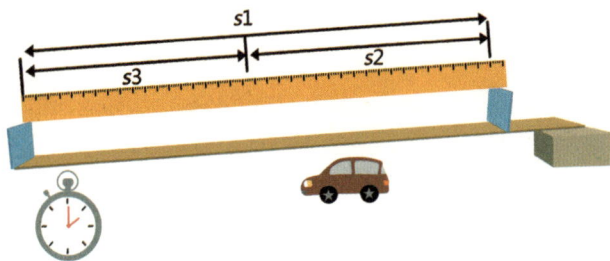

实验小结

1. 比较 v_1、v_2、v_3 的数值，它们一样大吗？

2. 玩具车在滑下斜面时，速度越来越大，还是越来越小？

从第一架飞机到航天器

人类自古就对速度这件事有执着的追求。从马车到汽车，我们使用的交通工具速度不断变快。1903 年，莱特兄弟发明了人类历史上第一架飞机，并试飞成功。飞机的发明，极大地缩短了我们长途旅行的时间。

飞机只能在地球大气层中飞行。有没有可能发明一种翱翔太空的航天器呢？怀揣着这个伟大的梦想，人类开启了对太空的探索，跨入了全新的航天领域。

莱特兄弟发明的飞机

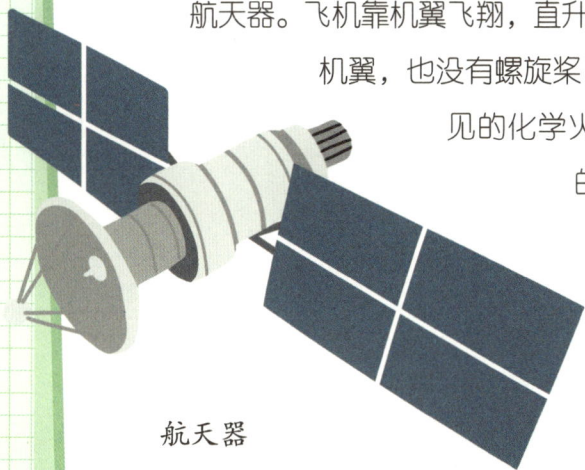

一代又一代科学家奋斗不息，才有了现在大家熟知的运载火箭和各类航天器。飞机靠机翼飞翔，直升机靠螺旋桨升空……可火箭既没有机翼，也没有螺旋桨，它是怎样飞入太空的呢？以最常见的化学火箭为例，火箭点火后，燃料舱中的燃料开始燃烧，并产生大量气体。气体从火箭尾部的喷管高速喷出，对火箭产生了一个与气流方向相反的反作用力，推动火箭飞上天空。

航天器

第三章

力

摩擦力　　　　重力

牛顿三大运动定律

浮力

伽利略理想斜面实验

放学后，小科和小雪在公园里玩轮滑。小科很早就学会了轮滑，他在空地上飞快地滑来滑去。小雪刚开始玩轮滑，她抓着路边的栏杆，小心地向前挪动。

布布也到公园里来玩了，他还带来一个有趣的新玩意儿——竹蜻蜓。小科没见过竹蜻蜓，好奇地滑到了布布身边。小雪也很好奇，一步一晃地靠近布布。

"这就是竹蜻蜓吗？"小雪开口问布布。

"对呀，这是我妈妈给我买的新玩具。"布布得意地说，"你们看到竹蜻蜓中间的这根小棍子了吗？只要我轻轻一搓，竹蜻蜓就会飞到空中。"

"赶快示范一下吧！"小科催促布布。

布布用两只手夹住竹蜻蜓的小棍子，然后他用力一搓，竹蜻蜓翅膀飞快地旋转起来。竹蜻蜓翅膀不断地上升，最后离开小棍子，飞到了空中。

"这也太酷了吧！"小科赞叹道。

小雪也激动地拍起手来。可她没站稳，脚下开始打滑，她急忙去抓小科，想要拉住他的胳膊，可是她不但没抓住小科，还把小科推了出去。小科迅速调整姿势，漂亮地转了个圈，立住了脚。小雪这边的情况就没那么好了，只见她朝着和小科相反的方向倒退着滑了出去！

"呀——"小雪非常害怕，心想自己肯定要栽一个大跟头了。

这时候，一双大手扶住了小雪，原来是斯坦爷爷。

"谢谢爷爷，幸亏有您，不然我就摔跤啦！"小雪心有余悸地说。

"我看到你们在玩竹蜻蜓，就过来看看。"斯坦爷爷说，"你们知道竹蜻蜓的运动原理吗？"

"不知道，斯坦爷爷快给我们讲讲吧。"布布一边说一边捡起了落在地上的竹蜻蜓翅膀。

"我们搓动竹蜻蜓的小棍子，小棍子旋转的同时带动翅膀快速旋转，旋转的翅膀会将空气向下推，产生一个向下的力。"斯坦爷爷解释道，"翅膀旋转的速度越快，向下的推力就越大。当这个推力大于翅膀所具有的重力时，竹蜻蜓翅膀就会飞起来！"

"哦……原来是这样。"几个小家伙自言自语道。

"刚才小雪为了站稳，不小心推了小科一把，自己却差点摔倒，这也能用一个运动原理来解释。"斯坦爷爷接着说，"小科和小雪一开始都处于静止状态。小雪推了小科一把，给了小科一个推力。同时，小科也给了小雪一个反方向的力，这个力和小雪推小科的力一样大，但方向相反，所以，小雪才会向后滑动。"

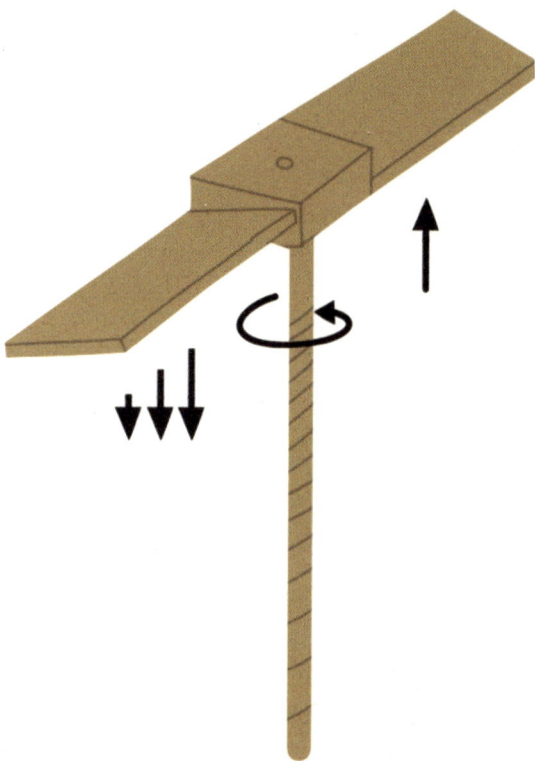

你来想一想

你知道航天器是怎样在太空中调整运动方向的吗？

力是什么

力是物理学中一个非常重要的概念。简单来说，力是物体对物体的作用。

力有大小和方向。

当一左一右两个小朋友同时争抢一个玩具时，两人都抓住玩具并用力将玩具拉向自己的方向。他们僵持不下，谁也没有将玩具抢走，玩具就这样停留在两个小朋友之间，看上去是静止不动的。

这个过程中，他们在玩具上施加了两个大小相等、方向相反且作用在同一直线上的力，满足了二力平衡的条件。

如果左边的小朋友得到了别人的帮助呢？那么，玩具受到的向左的力更大，它自然就会向左移动了。

摩擦力

北方的冬天，下过大雪后，地面会被厚厚的积雪覆盖，路上的行人都穿上了雪地靴。为什么人们穿着雪地靴在雪地上走不容易滑倒呢？因为摩擦力！

两个物体相互接触，在接触面上阻碍它们相对滑动或有相对滑动趋势的力就是摩擦力。两个物体的接触面越粗糙，产生的摩擦力就越大，所以，人们穿着鞋底粗糙的雪地靴行走就不容易滑倒。

踢出去的足球因摩擦力而停止运动

飞机外形通常设计成流线型，这是为了减小空气与飞机表面摩擦而产生的阻力，进而使飞机获得更快的飞行速度。

有时候，我们希望摩擦力小一些，这样飞机就能在空中飞得更快，飞机的能源消耗也会更小；但有时候，我们又希望摩擦力可以大一些，这样我们在雪地上行走的时候脚底就不会打滑。

浮力

浮力是我们生活中常见的一种力。当物体漂浮在液体表面，或者泡在液体中时，液体会对物体产生一个向上的浮力，浮力的大小等于物体排开的液体的重力，这就是大名鼎鼎的阿基米德定律。不过，你可能不知道，这个定律的发现来自阿基米德泡澡时的突发奇想。

传说，叙拉古的国王希罗王听到一个传言：金匠在制作纯金王冠时混入了银。希罗王怒发冲冠，将查明真相的任务交给了他的好友阿基米德。阿基米德苦思多日却不得其解。一天，阿基米德迈进浴缸时，注意到了溢出浴缸的水，他突然获得了灵感。

在相同重量的条件下，银的体积大于金的体积。掺入了银的王冠要想和原来的纯金一样重，体积一定会比原来的金大，它排开的水的体积也一定更大。利用这个原理，阿基米德终于查明了真相。后来，阿基米德深入研究，发现了阿基米德定律。

金

银

重力

为什么树上的苹果会落到地面,而不是飞到天上?这是由于地球引力的作用。在地面附近,所有物体都会受到一个竖直向下的地球引力,这就是重力。

重力和摩擦力有很大的不同,重力是一种非接触力。一个物体,无论是在地面上保持静止,还是被抛出去在空中做运动,受到的重力是一样的。

在重力加速度相同的情况下,物体受到的重力和物体的质量是成正比的。什么是质量?质量是表示一个物体中所含物质多少的量。由同一种物质构成的两个物体,包含物质更多的物体的质量更大。

我们平时说的重量和质量是一回事吗?当然不是。在地球上,我们的重量是由地球对我们的引力而产生的。如果我们去月球,月球上的重力比地球的小,我们会变得更"轻",能跳得更高。但是,不管我们到哪里去,构成我们身体的物质不会发生变化,所以我们的质量不会发生改变。

牛顿三大运动定律

牛顿是科学史上最重要的科学家之一。他创立了微积分学，发现了牛顿三大运动定律和万有引力定律，发明了反射式望远镜。一位科学家哪怕仅拥有其中一项成果就已经能名留科学史，牛顿一个人就囊括了这么多！

牛顿生活的 17 世纪是一个伟大的世纪。发现行星运动三大定律的开普勒、确立自由落体定律的伽利略、建立直角坐标系的笛卡尔、提出向心加速度的惠更斯都生活在 17 世纪。

牛顿

那个时代的科学家取得的突破性研究成果，都为牛顿的研究提供了强有力的支撑。就像牛顿自己说的，如果他看得比别人更远些，那可能是因为他站在巨人的肩膀上。

惯性定律（牛顿第一运动定律）

我们坐在汽车里等待出发，司机突然踩下油门，汽车启动。这时，我们的身体会向后倒，紧紧地压在座位的靠背上；相反地，司机在汽车行驶途中突然踩下刹车，我们的身体会向前冲。

这两种情况可以用惯性定律，即牛顿第一运动定律来解释：**物体在所受外力相互抵消时，会一直保持原来的运动状态。**

汽车突然启动的一瞬间，坐在车上的人保持原来的静止状态，车动，人不动，车上的人会朝与汽车前进方向相反的方向倾倒；相反地，汽车突然停

下的一瞬间，车上的人保持原来的向前运动的状态，人动，车不动，车上的人会朝汽车前进的方向倾倒，所以我们乘坐汽车，一定要系好安全带。

加速度定律（牛顿第二运动定律）

我们给一个物体施加外力就一定能改变它的运动状态吗？也不一定。假设你推一个空的手推车，手推车可以被轻易地推到高速运动状态；你如果在手推车上堆满书，用同样的力气去推，手推车可能很难被推动；你如果在手推车上堆满铁块，再用同样的力气去推，手推车可能纹丝不动。

推同一个手推车，用较大的力可以把手推车推得更快。物体质量相同的情况下，物体获得的加速度大小和它受到的外力大小有关。物体所受外力越大，它获得的加速度也就越大，反之亦然。

在受到相同外力作用的情况下，物体能否运动起来和它的质量有关。物体的质量小，它容易改变运动状态，即容易获得加速度；物体的质量大，它难以改变运动状态，即难以获得加速度。

这就是加速度定律，即牛顿第二运动定律：**物体加速度跟它受到的外力成正比，跟它的质量成反比。**

31

作用力和反作用力定律（牛顿第三运动定律）

你玩过弹弓吗？用力拉开弹弓的橡皮筋时，你是不是感觉很费力？在物理学中，手对橡皮筋的拉力被称为作用力，橡皮筋与手"对抗"的力被称为反作用力。

根据作用力和反作用力定律，即牛顿第三运动定律：**作用力和反作用力总是成对地出现在互相作用的两个物体之间，且两个力的大小相等、方向相反。**

当你用力推墙壁的时候，你是不是感觉墙壁也在"推"你的手？跳高的时候，你用力蹬地，给地面施加了一个作用力，地面也相应地给你一个反作用力，帮助你起跳……这些都是作用力和反作用力的表现形式。

32

伽利略理想斜面实验

在伽利略提出理想斜面实验之前，人们普遍相信亚里士多德的运动理论——力是使物体运动的原因，没有力的作用，物体的运动就会停止。伽利略对此有不同的看法，他提出了一个著名的实验：

伽利略

将两个尽可能光滑的斜面的底部连接在一起，形成一个竖直放置的"V"字形导轨。在左侧斜面的某个位置上释放一个小铜球，小铜球向下滚动至导轨最低点后，会沿着右侧斜面向上运动，并达到和释放点差不多的高度。

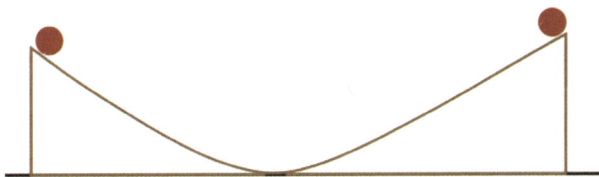

如果调整右侧的斜面，使其倾角变小，小铜球仍然能够到达同样的高度，只不过会在水平方向上多前进一些。

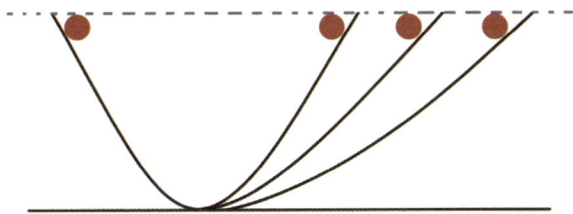

据此，伽利略推断，当右侧的斜面调整为光滑水平面——没有摩擦力等阻力的理想斜面时，小铜球为了到达相同的高度会一直滚动下去，并保持匀速直线运动。也就是说，物体的运动不需要靠力来维持。

实验 鸡蛋落在哪儿

实验目的

理解惯性定律。

准备材料

鸡蛋、卷纸纸芯、浅底盘、可以装下鸡蛋的玻璃杯。

| 鸡蛋 | 卷纸纸芯 | 浅底盘 | 玻璃杯 |

实验步骤

1. 在玻璃杯中加入水，水面大约在玻璃杯 1/3 的位置。

2. 在玻璃杯上放置浅底盘。

3. 对准盘子下方玻璃杯杯口的位置，在盘子上面放置卷纸纸芯，再小心地把鸡蛋立于卷纸纸芯顶部。

4. 从侧面快速将盘子抽出，观察鸡蛋的运动状态。

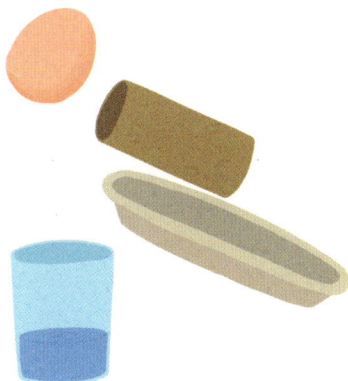

实验小结

1. 当盘子被快速地抽出后，卷纸纸芯的状态是怎样的？

2. 在卷纸纸芯被碰倒的一瞬间，鸡蛋的状态是怎样的？

3. 实验结果如何印证了惯性定律？

35

生活中的力

处理衣服上的灰尘

当衣服沾上灰尘的时候，我们通常会拍拍衣服，将灰尘拍落。这就是利用了惯性定律的原理。灰尘和衣服原本都处于静止状态，用手拍打衣服，衣服由静止状态变为运动状态，而灰尘则因惯性，保持静止。于是，灰尘就从衣服上分离开了。

洗衣机的脱水功能

我们用洗衣机给衣物脱水，这是利用了力学的原理。脱水过程中，随着洗衣机转速的提高，衣服因为有洗衣机滚筒提供的支持力作为向心力，能维持圆周运动。水滴与衣服之间的附着力不足以产生足够的向心加速度，维持水滴的圆周运动状态，水滴就会飞出去。

发现了科学

③能量

姚峰 辛向东 蒋韬 主编

邱可曼 绘

北京科学技术出版社
100层童书馆

本套丛书编委会

主编

姚　峰　辛向东　蒋　韬

编写

魏华丽　姚　峰　辛向东　蒋　韬　郑博森　袁　欣

殷明月　李潇潇　马雪姣　杜英杰　李　静

审校

李　轩

生志昊

图书在版编目（CIP）数据

发现了科学. 能量 / 姚峰, 辛向东, 蒋韬主编；邱可曼绘. —北京：北京科学技术出版社，2024.3

ISBN 978-7-5714-3232-4

Ⅰ. ①发… Ⅱ. ①姚… ②辛… ③蒋… ④邱… Ⅲ. ①科学知识—少儿读物②能—少儿读物

Ⅳ. ① Z228.1 ② O31-49

中国国家版本馆 CIP 数据核字（2023）第 176727 号

策划编辑： 黄　莺　余佳穗

责任编辑： 郑宇芳

封面设计： 殷晓璐

图文制作： 北京旅教文化传播有限公司

责任校对： 贾　荣

营销编辑： 赵倩倩

责任印制： 吕　越

出 版 人： 曾庆宇

出版发行： 北京科学技术出版社

社　　址： 北京西直门南大街 16 号

邮政编码： 100035

电　　话： 0086-10-66135495（总编室）0086-10-66113227（发行部）

网　　址： www.bkydw.cn

印　　刷： 北京博海升彩色印刷有限公司

开　　本： 710 mm×1000 mm　1/16

字　　数： 27 千字

印　　张： 2.75

版　　次： 2024 年 3 月第 1 版

印　　次： 2024 年 3 月第 1 次印刷

ISBN 978-7-5714-3232-4

定　　价： 200.00 元（全 7 册）

欢迎来到神奇的科学教室

你们好，我是**斯坦爷爷**，是小雪和小科的爷爷。我是一名科学家。

嘿！我是小雪。我喜欢探索奥秘！

嘿！我是**布布**，是小科的好朋友。我喜欢从不同的角度看问题。

嘿！我是小科。我是一个科学迷。

你们好，我是小科和小雪的**爸爸**。我是一名航天科研工作者。

你们好，我是小科和小雪的**妈妈**。我在大学里教生物。

能量教室

目 录

过生日时，小科得到了一件他梦寐以求的礼物：一辆变速自行车。

共享单车怎么能和我的变速自行车相比呢！

哥哥，现在到处都是共享单车。你为什么还要一辆变速自行车呢？

我们先听斯坦爷爷来讲讲关于交通工具的故事吧！

小科、小雪，你们听好喽。

在古代，主要的陆地交通运输工具是马车和牛车。

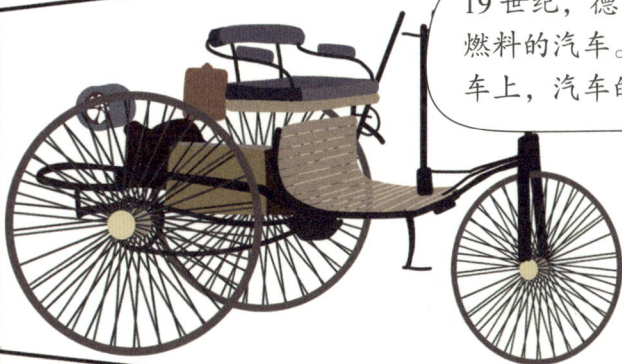

第一章 能量

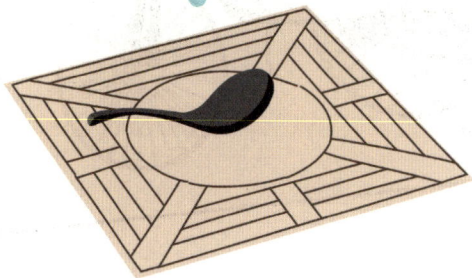

化学能　　光能

热能　　电能

磁能　　核能

动能

势能

　　小科、小雪和布布约好一起去公园放风筝。一大早，布布就带着风筝来到小科和小雪家。

　　"你俩准备好了没有？"布布说，"今天特别适合放风筝，我的老鹰风筝肯定能顺利飞上天。"

　　小雪拿着自己的燕子风筝从房间里走了出来。

　　"你头上的小花好奇怪。"布布眼尖，立马就发现小雪头上戴了个奇怪的发夹，发夹上面立着一根短短的小棍儿，小棍儿上还有一朵"小花"。

　　"哈哈哈，你太有意思了，这不是花，"小雪笑着说，"这是小风车，它会转！"

　　"风车？"布布将信将疑，"可你戴的这个风车没转啊！"

　　"那是因为我们在屋子里，"小雪解释道，"外面有风，到外面它自然就能转起来啦！走，我们出发吧。"

三个小伙伴下了楼，来到附近的公园。一阵风吹过，小雪头上的风车呼呼地转了起来。两只风筝顺利放上天空。

　　布布说："风既能让风车转起来，又能把风筝送上天，真神奇！"

　　小科说："帆船能在大海中航行，也是依靠风的力量。"

　　小雪也跟着说："风还能用来发电呢！"

　　布布瞪大了眼睛，说："风怎么能用来发电？"

　　"小科学迷们，你们好啊！小雪说得没错。"斯坦爷爷突然出现，"风确实可以用来发电。"

　　斯坦爷爷笑着说："人类对风能的利用有几千年的历史。人们制作船帆，利用风能推动船只快速前进；人们建造风车，用风能来磨面、抽水；后来，人们利用风能来发电。"

　　"可人们到底是怎么利用风能发电的呢？"布布疑惑地问。

　　"把风能转化为电能需要依靠风力发电装置。风力发电装置看上去就像一排排大风车，和小雪头上这个发夹有一点儿像！"斯坦爷爷笑着说，"风带动大风车的桨叶旋转，并通过发电机将动能转化成电能。风能取之不尽，用之不竭，它给我们的生产和生活带来了极大的便利。在未来，我们对风能的利用会更加广泛！"

　　小科跟着说："我们能利用风能做很多事，但我们又看不见它，只能感受到它。"

　　小雪朝向蓝天伸出一只小手，将五根手指张开，风吹过她的指尖，小雪似乎感受到能量在流动。

你来想一想

　　你们还知道哪些发电的方式？

能量是什么

　　小朋友坐在秋千上，是什么让秋千荡起来？生鸡蛋放进水里煮，是什么让鸡蛋由生变熟的？我们每天上学、运动……是什么支撑我们的身体完成这些活动？

　　上述这些活动之所以能够开展，都是因为能量在起作用。在营养学中，能量是指食物中含有的，能够被人体吸收、转化、利用的化学能；在机械运动中，能量表现为物体的机械能，如动能和弹性势能。

化学能

　　化学能广泛存在于生活中。通常情况下，我们没有办法直接利用化学能。化学能一般只在发生化学变化的时候才释放出来。比如，我们无法直接利用煤炭和石油等燃料中的化学能，但我们可以通过燃烧煤炭和石油，利用燃烧过程中释放出的热能来发电。

石油和煤炭都属于化石能源

在物质发生化学变化的时候，有一些物质在化学变化的过程中释放能量；有一些物质在化学变化的过程中吸收能量。

光能

太阳、蜡烛、灯泡都能发光，我们把这种以光的形式释放出来的能量叫作光能。比如，通电的灯泡会发光，灯泡发光就是电能被转化成了光能。

热能

热能的本质是物质内部微观粒子不规则运动所产生的能量。同样是水，与一杯凉水相比，一杯热水中的水分子的运动频率更高，幅度更大。

热能是可以传递和改变的。物质释放热量，自身的热能就会减少；物质吸收热量，自身的热能就会增加。

炎热的夏天，很多人喜欢吃凉面，他们把煮熟的面条放入凉水中浸泡，面条在凉水中释放出热量，面条的热能减少，其温度降低；而凉水吸收了热量，热能增加，水的温度就会升高。

冷水

热水

电能

电能是一种经济的、实用的、清洁的，而且容易控制和转换的能量。电能的用途十分广泛，电能已经成为我们生活中不可或缺的一部分。我们把那些利用电能工作的机器和设备称作电器。

你家里有哪些电器？把这些电器的名称列在下面的横线上，并说说它们为你的生活带来了哪些便利。

_____

_____

_____

磁能

当我们拿吸铁石靠近由铁、镍、钴等物质制成的物品时，吸铁石会对它们产生一种吸引力。这是因为吸铁石是磁体的一种，磁体具有磁性，它的周围存在磁场。

中国是世界上最早利用磁能的国家。中国古代四大发明之一的指南针就是用磁石制成的。

日常生活中有很多利用磁能的设备，如电磁炉、磁能热水器、手机无线充电器等。

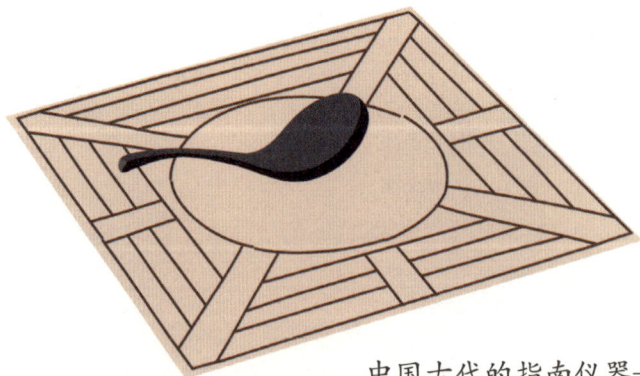

中国古代的指南仪器——司南

核能

核能也叫原子能，是原子核结构发生改变时释放出来的能量。通常，我们开发核能的形式有两种——核裂变和核聚变。

核裂变是指较重的原子核，在高速粒子的撞击下分裂成两个较轻的原子核的过程；核聚变则是指较轻的原子核聚合在一起，形成较重的原子核的过程。太阳可以源源不断地发光、发热，其消耗的能量正是由太阳内部核聚变产生的。

势能

势能是指相互作用的物体，由于所处的位置或状态而具有的能量。常见的势能有重力势能和弹性势能。

我们来做两个小实验。

第一，让同一个乒乓球分别从你的腰部和头顶的位置落向地面，观察哪一次乒乓球弹起得更高。

第二，玩射箭游戏时，轻轻拉开弓和用力拉满弓，看看哪种方式能让箭射得更远。

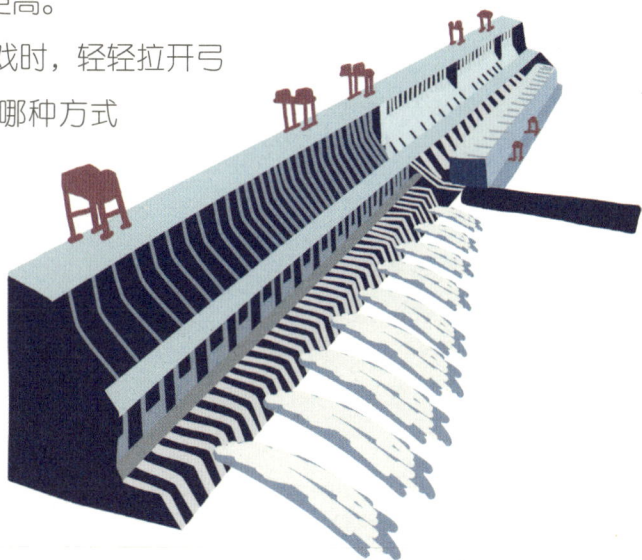

在水电站高处聚集的水流具有很大的重力势能

在第一个实验中，位于高处的乒乓球具有的重力势能更大。从头顶位置落向地面的乒乓球距离地面远，具备的重力势能大，所以弹起得更高。

在第二个实验中，用力拉开的弓具有的弹性势能更大。弓被拉得越满，恢复原状时产生的作用力就越大，所以用力拉满弓能让箭射得更远。

动能

从铆钉枪中射出的铆钉可以钉进厚厚的木板；流动的河水不断冲刷河岸，使大量的泥沙剥落，并将其带到河流的下游。射出的铆钉和流动的河水有什么共同点吗？——它们都拥有动能。

什么是动能？简而言之，动能就是物体由于做机械运动而具有的能量，物体的动能大小与物体自身的质量和运动速度有关。

一个皮球和一个铅球从同样的高度落下，哪个球对地面的破坏力更大一些？肯定是质量更大的铅球对地面的破坏力更大。

能量守恒定律

你有没有用电水壶烧过水？水在烧水的过程中会消耗电能。那你知道消耗的电能最终去了哪里吗？电能消失了吗？并没有。电能去了烧开的水里？正确，但不准确。

能量既不会凭空产生，也不会凭空消失。在用电水壶烧水的过程中，电能转化成了让水沸腾的热能，算上损耗在电水壶上和发散到空气中的热量，能量的总和是保持不变的，这就是能量守恒定律。

让我们来看看下图中这个精巧的装置——牛顿摆球。当最右侧的球向下回摆至最低点，碰撞到紧挨着的 4 颗球时，最左侧的那颗球会被弹出。

这个过程是可逆的，当最左侧的球回落，碰撞到 4 颗球时，最右侧的球也会被弹出。如果你把一侧的两颗球提起后松手，当它们回落，碰撞到其他的球时，另一侧的两颗球也会被弹起。

通过牛顿摆球，我们可以直观地、形象地了解能量守恒定律。

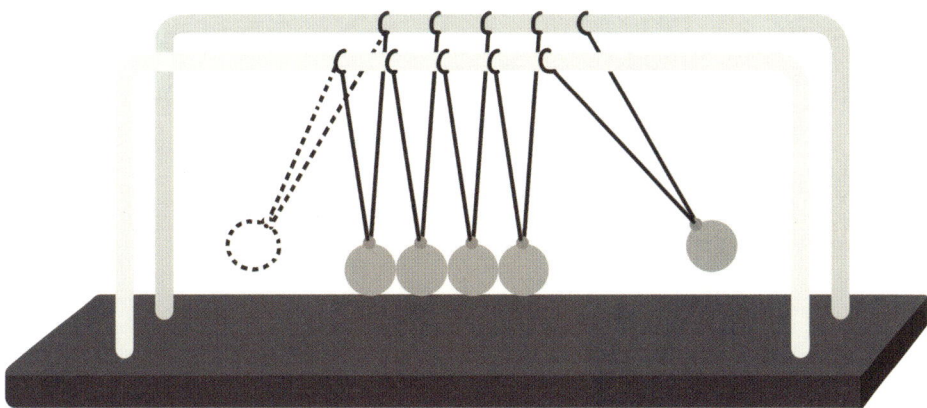

牛顿摆球

能量转化

    能量的分类有很多种，如动能、势能、化学能、热能、电能、磁能、核能、光能等。在一定条件下，这些能量是可以互相转化的。

    在骑自行车的过程中，有没有能量转化呢？当然有。骑自行车的人将身体里的化学能转化成了行进中的自行车的动能。

    在机动车行驶的过程中，我们也能找到能量转化存在的例子。以燃油车为例，汽油燃烧，汽油的化学能转化为热能，这使发动机运转起来，发动机又将热能转化成驱动车辆前进的动能。

    我们在家时，用得最多的能量是电能。电视机、电饭煲、吹风机等电器都要接通电源才能运作。我们平常用到的电能，一般是由风能、水能、热能等其他形式的能量转化而来的。

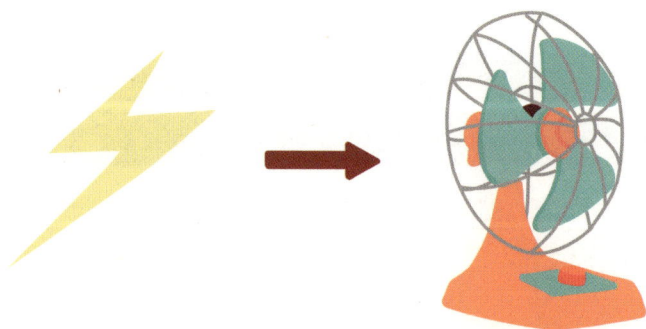

实验 飞旋的纽扣

实验目的

理解能量转化的概念。

实验材料

剪刀、纽扣、长 100cm 左右的线绳。

纽扣　　线绳

剪刀

实验步骤

1. 将准备好的线绳按照图示穿进纽扣的孔里。

2. 穿好线绳后在线绳的两端打结。

3. 用双手分别捏住线绳两端，摆动线绳，使纽扣朝同一方向旋转 15~20 圈。

4. 稍稍拉紧线绳，让纽扣在线绳的带动下反向旋转。

5. 纽扣旋转速度减慢时，适当松一松线绳，尽量使纽扣多旋转几圈。

6. 不停地拉、松线绳，使纽扣有节奏地旋转。

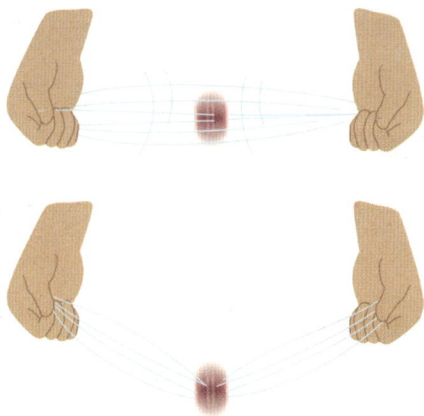

实验·小·结

1. 在实验过程中，需要手臂发力摆动线绳，纽扣才能朝同一方向旋转。这说明：_____。

2. 纽扣在旋转时会_____。当纽扣停止旋转时，线绳和纽扣会有_____的现象。

3. 在实验过程中，我们将_____能转化为纽扣运动的_____能。在纽扣运动过程中，_____能会转化成_____能和_____能。这说明：_____。

节约能源，从我做起！

在生产和生活中，我们使用的能源大多来自化石能源。但是，地球上化石能源的贮存量十分有限，如果毫无节制地开采，只会让化石能源早早地消耗殆尽。同时，燃烧化石能源排放出的气体会严重污染空气。因此，我们要有节约能源的意识。

大家想一想，在日常生活中，我们有哪些节约能源的方法？

要节约用水！洗澡、洗碗、洗手时不要一直开着水龙头。

要节约用电，记得随手关灯。

不错！你们都是节约能源的小能手！

第二章
光和热

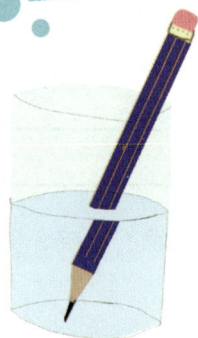

热传导　　热辐射　　光谱

对流　　光的传播

光的色散　　光的反射

光的折射

现在是三伏天，一年中最热的时候，马路上行人少得可怜。

布布抱着足球，跑进了小科家。

"走，我们去踢足球吧！"

小科一听就来了精神，换上球鞋就和布布下楼去玩了。

不到半个小时，两个小家伙就蔫得像"霜打的茄子"一样回来了。他俩脱掉球鞋，一屁股坐在地板上。

小雪从卧室里跑出来，问："你们这是怎么啦？一副无精打采的样子？"

"踢球去了，"布布有气无力地说，"外面实在是太……太热了。"

"你们去踢足球了？这么热的天，你们居然还敢出去？"小雪简直不敢相信自己的耳朵。

"你们不怕中暑吗？"小雪说，"在三伏天的正午踢球，你们简直就像在马路上被煎熟的鸡蛋！"

　　"在马路上煎鸡蛋？"小科抬起头，好奇地问。

　　小雪缓缓道来："看来，你没听过露天煎鸡蛋这项比赛。参赛者不能使用明火或电热设备，只能利用太阳提供的热量煎鸡蛋。"

　　"不用炉子还能煎鸡蛋？"布布越听越糊涂。

　　"就在马路上煎！"小雪笑了起来，"这项比赛在正午 12 点开始，在下午 1 点结束。选择这个时间段是因为这是一天中光照强度最强的时间段，在强烈的太阳光的照射下，马路表面会变得非常热。"

　　"这也行？"小科感到非常震惊。

　　"当然啦！"小雪说，"想想你刚才踢球时路面的温度吧！你难道不觉得烫脚吗？"

　　这时候斯坦爷爷也来了，他笑着说："如果在马路上煎鸡蛋的话，选择沥青路面会比混凝土路面更好！"

　　"斯坦爷爷，这是为什么呢？"布布问。

　　"沥青路面的颜色比混凝土路面的颜色深，所以沥青路面的吸热效果更好。"斯坦爷爷看了看穿白色上衣的小科和穿黑色上衣的布布，笑着说，"布布看上去比小科更热！"

　　"唉，都是黑色上衣惹的祸……"布布无奈地叹了口气。

　　大家都笑了起来。

　　"为了避免浪费，大家可不要在马路上煎鸡蛋！"斯坦爷爷语重心长地说。

你来想一想

你知道为什么黑色的衣服比白色的衣服更吸热吗？

光是什么

　　一些古希腊思想家认为人类的眼睛可以发出微弱的光，这是我们可以看清物体的原因。但这无法解释为什么我们在黑暗中无法看清东西。事实上，人类的眼睛不会发光，光是一种能被眼睛感知的电磁波。自然界的光主要来自太阳。太阳光照在物体上，被反射出来，眼睛捕捉到这些被反射的光线之后，我们就能看见物体了。

　　除了太阳，我们还有其他的光源，比如生活中常见的电灯、手电筒、手机屏幕等。

光的传播

在各向同性的均匀介质中，光总是沿着直线传播。光的传播速度非常快，在不同的介质中，光的传播速度不同。光在空气中的传播速度比在真空中慢，而光在水中的传播速度又比在空气中慢。

我们把光在真空中的传播速度叫作光速。

光年指的是光在真空中传播一年所经过的距离。光年不是时间单位，而是距离单位。

太阳光要穿过重重"关卡"才能抵达地球。太阳光在传播途中可能会遇到阻挡光线传播的气体或尘埃，还要穿过包围地球的大气圈。在这个过程中，太阳光会发生反射和折射。

光的反射

我们的眼睛能看见物体，这是因为物体反射的光被眼睛感知到了。月亮本身不会发光，我们为什么还能在夜空中看到它呢？这正是因为月亮反射了太阳光。

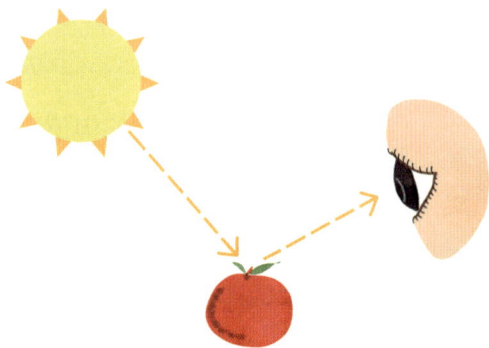

光的反射示意图

光的折射

当一根铅笔斜着放进水中时，铅笔看上去就像被折断了一样。光从空气中射入水中时会发生折射，空气和水是光传播的介质，光在这两种介质中的传播速度不同。所以，当光到达这两种介质的交界处，从一种介质进入另一种介质时，一部分光就会被反射回空气中，另一部分光会进入水中，并在水中发生折射。折射的重要前提是入射光与两种介质的交界面不垂直。

凸透镜（放大镜）和凹透镜（近视镜）就是利用光的折射原理制成的。

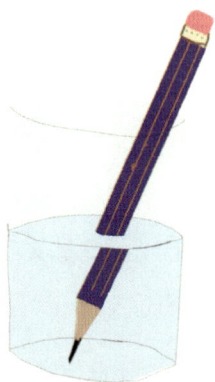

光的折射现象

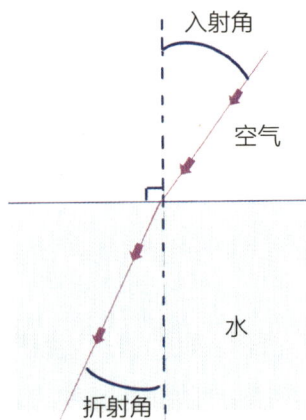

入射角

空气

水

折射角

光的折射示意图

光的色散

光是一种能够传递能量的电磁波。不同的光的波长（或频率）不相同。我们把只有一个波长的光叫作单色光。复色光由多种不同的单色光混合而成，太阳光就是复色光。

1666 年，牛顿通过三棱镜实验证明，太阳光是由 7 种颜色的单色光组合而成的复色光。不同颜色的光在同一介质中的折射角度不同，因此，当一束太阳光以特定的倾斜角度投射到玻璃三棱镜上时，太阳光会被分解为

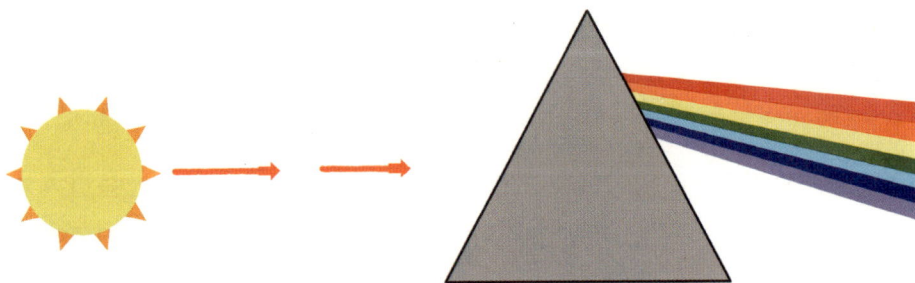

光的色散示意图

不同的单色光。这个将太阳光分解成单色光的过程，就叫作光的色散。

我们可以自己动手做一个小实验，将光盘、水晶或有棱角的玻璃制品放在有太阳光的地方，你会发现，这些物品上出现了各种各样的颜色。

光谱

以太阳光为代表的复色光在发生色散后，形成的单色光会根据波长的长短被依次排列，我们把这种排列而成的图案叫作光谱。

光谱中的一部分由可以被肉眼感知到的单色光组成，这部分光谱是可见光谱，可见光谱范围内的光被称为可见光。

在牛顿的三棱镜实验中，红、橙、黄、绿、青、蓝、紫这 7 种单色光就是可见光。

虹

在可见光中，从红光到紫光，其波长逐渐缩短。警示信号灯是红色的，这是因为在可见光中红光波长最长，红光穿透能力强、传播距离远，比其他可见光更加醒目。

除了可见光，光谱上还有一些肉眼无法看到的光——红外线和紫外线。我们可以利用仪器检测到它们的存在。

热是什么

你知道什么是"热"吗？我们的生活中有哪些很热的东西？

烧开的水很热。开水之所以很热，是因为在开水中，水分子的无规则运动非常剧烈，这使得开水有了较高的温度。

暴晒过的马路也很热。这是因为午后炙热的阳光照射在马路上，构成路面的物质的粒子活动剧烈，使得路面的温度变得很高。

我们生活中的各种物质都是由粒子组成的。从本质上来说，热是指微观角度下，物质内部粒子无规则运动放出的能量。

热传递

太阳光照在马路上会使路面升温；凉凉的脚丫泡在热水里，脚丫很快会变得暖和；鸡翅放进油锅中烹饪后会变得滚烫……它们是怎么实现升温的呢？答案是热传递。

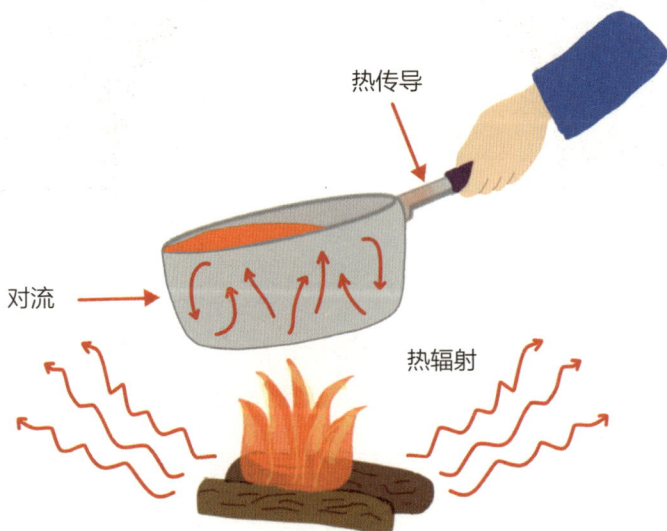

热传导

对流

热辐射

当我们把两个温度不同的物体放在一起时，温度较高的物体会降温，而温度较低的物体会升温。这种降温和升温的现象会一直持续到两个物体的温度趋于相同。这个过程就是热传递。

热传递常见的传热模式有三种：热传导、对流、热辐射。

热传导

热传导是固态物质传热的主要方式。热量从物体的高温部位传导至该物体的低温部位；或者，热量从高温物体传导至和它接触的低温物体。

我们用奶锅热牛奶时，煤气灶的火焰先将奶锅烧热，奶锅再把热量传导至锅里的牛奶，从而实现加热牛奶的目的。

我们将金属勺子放在盛有热汤的碗中，过一会儿，勺子的勺柄虽然没有接触热汤，但还是会微微烫手。这是因为勺子的勺头接触到热汤，勺头升温，勺头的热量又传导至勺子的低温部分——勺柄。

对流

对流是指流体运动而引起的热量传递。

对流现象只发生在气体和液体中，分为气体对流和液体对流两种状态。一般情况下，气体对流现象比液体对流现象更加明显。

冬天，北方供暖的时候，温度比较高的暖气片加热了附近的空气。受热后，空气体积膨胀，其密度减小，热空气向上抬升。位于同一空间上方的冷

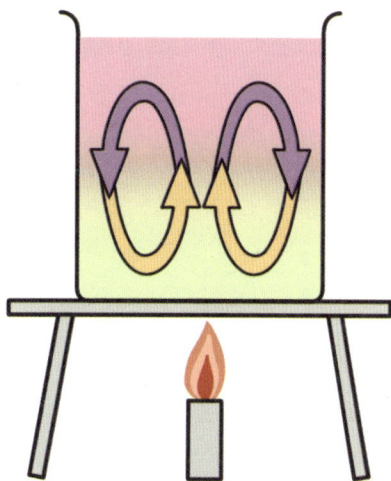

液体对流

空气下沉，冷空气被加热后再向上抬升……如此循环，室内的温度就慢慢升高了。

热辐射

热辐射是指物体之间互相不接触，通过电磁波传递热量的过程。一切温度高于绝对零度（−273.15℃）的物体都能辐射电磁波。一般情况下，热辐射主要靠可见光和红外线传播。由于电磁波的传播无须任何介质，热辐射是唯一能在真空中传热的方式。

在现实生活中，我们接近火焰时，虽然没有碰到火焰，但是能感受到扑面而来的灼热，这就是热辐射在起作用。太阳传给地球的热量也是通过热辐射的方式实现的。太阳距离地球那么远，我们还能在地球上感受到阳光的灼热，这说明了在热辐射的过程中，物体温度越高辐射能量越大。

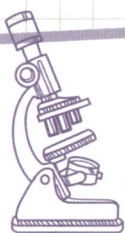

实验 材料的透光性

实验目的

了解不同材料的透光性。

实验材料

手电筒、纸、铝箔纸、塑料膜、玻璃片、厚纸板。

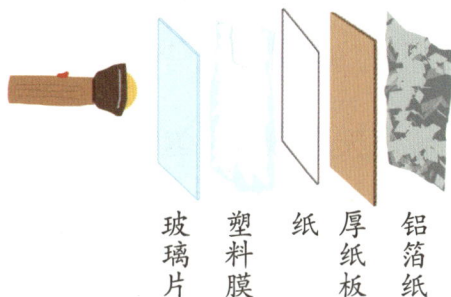

玻璃片　塑料膜　纸　厚纸板　铝箔纸

实验步骤

1.用玻璃片遮住手电筒的灯头，观察光是否能透过玻璃片。

2.把玻璃片换成塑料膜，观察光是否能透过塑料膜。

3.把塑料膜换成纸，观察光是否能透过纸张；将纸折叠，观察透光情况。

4.把纸换成厚纸板，观察光是否能透过厚纸板。

5.把厚纸板换成铝箔纸，观察光是否能透过铝箔纸。

实验小结

1.使用透明玻璃片遮住灯头时，光（<u>能</u>/不能）透过玻璃片。

2.塑料膜（<u>能</u>/不能）让光透过，透光性比玻璃片_____。

3.纸的透光性较（强/<u>弱</u>）。纸张厚度增加后，透光性明显_____。

4.光线（能/<u>不能</u>）透过厚纸板。

5.光线（能/<u>不能</u>）透过铝箔纸。

水的反膨胀现象

　　冬天，北方室外的水管被冻裂可不是什么新鲜事。大部分液体在低温条件下凝结成固体时，其体积通常会缩小，但也存在一些"与众不同"的液体，比如水。

　　在温度低于4℃时，水的体积不会缩小，反而会变大，这就是水的反膨胀现象。在低温环境中，水管里的水结冰，其体积增大，水管才被撑裂了。

　　古人很早就发现了水结冰时体积会增大这一现象。他们利用这个原理在冬天开采石头。他们把水灌进石头的缝隙里，水遇冷结冰，其体积增大，冰可以撑裂巨大的石块。

水　　　　　　　　　　　　　　　　冰

第三章
电和磁

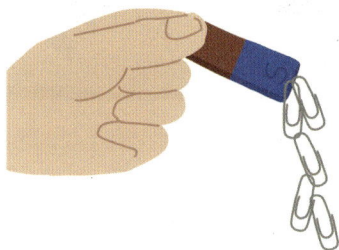

导体　电流的磁效应

绝缘体　电磁悬浮

同极相斥　异极相吸

　　小科、小雪和布布正在公园里踢球。突然，天空划过一道闪电，紧接着，雷声响了起来。

　　"要下雨啦，我们快回家吧！"小雪大喊。

　　三个小家伙往家的方向跑去。他们没跑几步，雨点就噼里啪啦地掉下来。雨下得还不小，他们的衣服眼看着就被淋湿了。

　　"要不我们先去那边躲躲吧。"布布一边说着，一边往公园里枝叶茂盛的大树下面跑。

　　眼疾手快的小科一把拉住了布布，说："不行，雷雨天气，绝对不能在树下躲雨，人容易被闪电击中！"

　　三人冒雨跑回家，换了干衣服，围坐在客厅里。

斯坦爷爷走过来，笑着问孩子们："你们知道闪电是从哪里来的吗？"

小雪眨眨眼睛，说："在《西游记》里，闪电是电母制造的。"

斯坦爷爷忍不住笑出声来，说："其实，人类对闪电的观察早在3000多年前就开始了，殷商时期的甲骨文中就有记录闪电的象形文字。到了近代，人们开始对闪电这种自然现象进行了深入的研究。美国科学家富兰克林用风筝捕捉闪电的实验非常出名。"

"风筝还能用来捕捉闪电？"小雪简直不敢相信自己的耳朵。

"对，"斯坦爷爷接着说，"一个偶然的机会，富兰克林放风筝时不小心碰触了绑在风筝线上的金属钥匙，当时他觉得手臂有点儿麻，于是产生了一个猜想：云层中会不会有电？

富兰克林的空中取电实验

"后来，富兰克林制作了一种特殊的风筝——风筝的骨架和线都是由金属制成的，风筝线的一端连接着能储积电能的莱顿瓶。在一个电闪雷鸣的夏夜，富兰克林和他的助手将风筝放上了天。很快，一道闪电划破黑暗，电顺着金属风筝线被导入莱顿瓶中。

　　"这就是著名的富兰克林用风筝捕捉闪电的实验。后来，富兰克林还发明了对人类生活有重大意义的避雷针。"

　　"这个实验听起来很危险啊！"布布有点儿害怕。

　　"是的，曾经有科学家因为做类似的实验而丢掉了性命。"斯坦爷爷郑重地说，"我们在做和电相关的实验时，一定要在老师的指导和保护下进行。"

避雷针

你来想一想

你知道闪电是如何产生的吗?

34

电是什么

电是物质的一种基本属性。我们来了解一下电子。原子是构成物质的最小单位，它由原子核和绕着原子核做运动的若干电子组成。每个电子都带有 1 个单位的负电荷。自由电子定向移动形成了电流。

为什么静电现象通常发生在秋冬季呢？因为在秋冬季，空气湿度很低，衣服相互摩擦使许多电子脱离了原子结构，电子在我们身上聚集。在夏季，空气湿度高，摩擦产生的电子不会留在我们身上，而是转移到了周围的环境中。

导体和绝缘体

我们把能够帮助电子进行运动的物质叫作导体。绝大多数金属都是导体，我们常见的电线，里面包裹着的就是导电性良好的金属线。

除了导体，也存在着电子很难在其中流动的物质，我们把这种物质叫作绝缘体。常见的绝缘体有木头、橡胶、玻璃等。包裹着金属线的电线外皮就是由绝缘材料制成的。

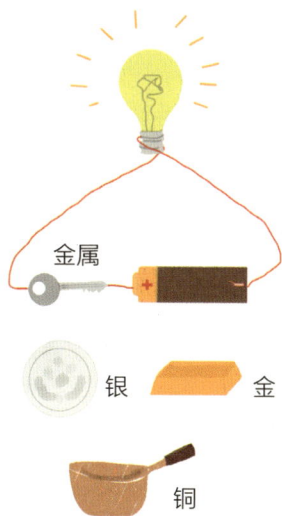

金属

银

金

铜

导体

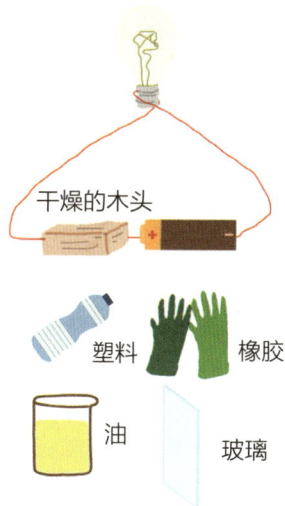

干燥的木头

塑料

橡胶

油

玻璃

绝缘体

磁是什么

我们把像磁铁一样带有磁性的物质叫作磁体。

磁体是一种非常神奇的物质。在磁体周围的空间内，存在着看不见、摸不着的磁场。

磁铁可以吸附在冰箱上，也可以把曲别针吸起来。当我们尝试用磁铁去吸曲别针时，被吸上来的曲别针在磁铁上的分布并不均匀。曲别针集中在磁铁的两个部位，我们把磁体上这两个磁性最强的部位叫磁极。磁极分为南极（S极）和北极（N极）。

异极相吸，同极相斥

让我们来动手做一个有趣的小实验。

将一根条形磁铁的南极靠近另一根条形磁铁的北极，两根磁铁会吸附在一起；将一根条形磁铁的南极靠近另一根条形磁铁的南极，无论离得多近，两根磁铁都没有办法吸在一起，反而相互排斥，像是在玩"你追我跑"的游戏。这种现象就是"异极相吸，同极相斥"。

这其实是磁体在磁场作用下产生的现象。磁体的周围存在磁场，磁体之间虽然没有相互碰触，但在磁场的作用下，一个磁体和其他磁体之间会发生吸引作用或排斥作用。

电流的磁效应

19世纪20年代，丹麦物理学家奥斯特突发奇想，在导线的旁边放了一个小磁针。小磁针具有磁性，可以转动并指示方向。当电流通过导线的时候，神奇的事情发生了——本来和导线平行放置的小磁针转动起来，最后停留在与导线垂直的方向上。

这个神奇的现象就是电流的磁效应。电流的周围存在磁场。这种由电流产生的磁场，它的强度和电流本身的强度有直接关系，电流越强，导线周围产生的磁场就越强。

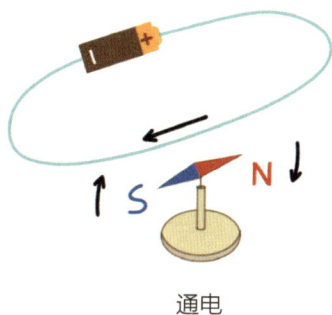

通电

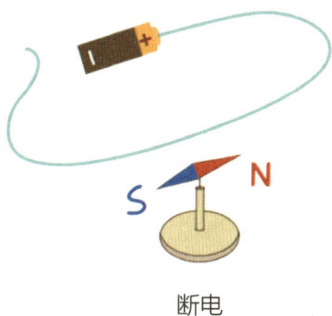

断电

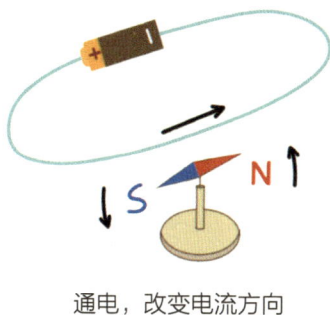

通电，改变电流方向

奥斯特实验

实验 材料的导电性

实验目的

检验不同材料的导电性。

实验材料

灯泡、电源、电源开关、导线、盐水、橡皮、玻璃棒、陶瓷管、塑料尺、铅笔、铜丝。

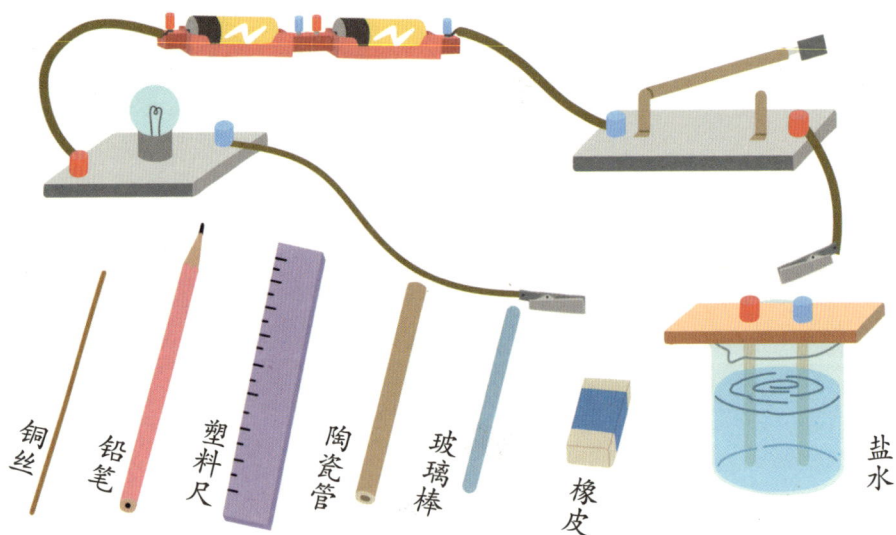

铜丝　铅笔　塑料尺　陶瓷管　玻璃棒　橡皮　盐水

实验步骤

1. 检查实验器材，断开电源开关，用导线依次将电源、电源开关、灯泡连接起来。

2. 调节电源，闭合开关，观察灯泡是否发光，电路是否有电流通过。

3. 把导线连接在铜丝两端，观察灯泡是否发光，记录实验结果。

4. 分别选用不同的材料（铅笔、盐水、塑料尺、陶瓷管、玻璃棒、橡皮）代替步骤3中的铜丝，依次重复实验步骤3，记录实验结果。

注意：请在成年人的监护下进行实验。

实验小结

1. 将各种不同的材料分别连接到电路中，闭合开关。使用_____、_____、_____时，灯泡会发光；使用_____、_____、_____时，灯泡不发光。

2. 不同的材料导电性_____，可以使灯泡发光的_____、_____、_____是导体；不能使灯泡发光的_____、_____、_____、_____是绝缘体。

磁悬浮列车

20 世纪 20 年代，德国工程师肯佩尔提出电磁悬浮的概念。从字面就能看出，电磁悬浮指的是利用磁场使物体悬浮在空中的一种现象。磁悬浮列车就是利用电磁悬浮的原理制造的。

磁悬浮列车是一种新型交通工具，列车车身由磁作用力支撑。由于磁力产生的悬浮作用，列车与轨道之间并不接触，这最大限度地降低了摩擦力，磁悬浮列车行驶时只承受空气的阻力，所以磁悬浮列车的运行速度非常快，可以达到 600 km/h。

发现了科学

④水和空气

姚峰　辛向东　蒋韬　主编

邱可曼　绘

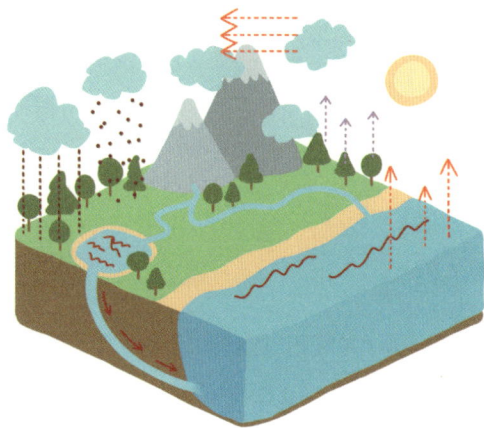

北京科学技术出版社
100层童书馆

本套丛书编委会

主编

姚　峰　辛向东　蒋　韬

编写

魏华丽　姚　峰　辛向东　蒋　韬　郑博森　袁　欣

殷明月　李潇潇　马雪姣　杜英杰　李　静

审校

李　轩

生志昊

图书在版编目（CIP）数据

发现了科学. 水和空气 / 姚峰, 辛向东, 蒋韬主编；邱可曼绘. —北京：北京科学技术出版社，2024.3

ISBN 978-7-5714-3232-4

Ⅰ. ①发… Ⅱ. ①姚… ②辛… ③蒋… ④邱… Ⅲ. ①科学知识–少儿读物②水–少儿读物③空气–少儿读物　Ⅳ. ① Z228.1 ② P33-49 ③ P42-49

中国国家版本馆 CIP 数据核字（2023）第 176720 号

策划编辑：	黄　莺　余佳穗
责任编辑：	郑宇芳
封面设计：	殷晓璐
图文制作：	北京旅教文化传播有限公司
责任校对：	贾　荣
营销编辑：	赵倩倩
责任印制：	吕　越
出 版 人：	曾庆宇
出版发行：	北京科学技术出版社
社　　址：	北京西直门南大街 16 号
邮政编码：	100035
电　　话：	0086-10-66135495（总编室）0086-10-66113227（发行部）
网　　址：	www.bkydw.cn
印　　刷：	北京博海升彩色印刷有限公司
开　　本：	710 mm × 1000 mm　1/16
字　　数：	25 千字
印　　张：	2.5
版　　次：	2024 年 3 月第 1 版
印　　次：	2024 年 3 月第 1 次印刷

ISBN 978-7-5714-3232-4

定　　价： 200.00 元（全 7 册）

欢迎来到神奇的科学教室

你们好，我是**斯坦爷爷**，是小雪和小科的爷爷。我是一名科学家。

嘿！我是**小雪**。我喜欢探索奥秘！

嘿！我是**布布**，是小科的好朋友。我喜欢从不同的角度看问题。

嘿！我是**小科**。我是一个科学迷。

你们好，我是小科和小雪的**爸爸**。我是一名航天科研工作者。

你们好，我是小科和小雪的**妈妈**。我在大学里教生物。

空气教室

目 录

第一章
水的三种状态

云　雨　雾
　霜　雪
露　冰

又是一个雨天，小科和小雪看着窗外下个不停的小雨，怀念在海边度假的快乐时光。

小雪无聊地用手蘸了杯子里的水，在窗台上写刚学会的字。不一会儿，水干了，窗台上的字就消失了。"水去哪里了呢？"小雪自言自语。

"你知道雨是怎么来的吗？"小科突然问小雪。

"知道啊！玉皇大帝发出了下雨的命令，风、雨、雷、电四位神仙就开始发威，然后就下雨了。"小雪回答。

"啊？"小科有些傻眼了。

"不过最近这场小雨……"小雪眨了眨眼睛，说，"可能是雨神感冒了，在不停地打喷嚏呢！"

"你一定是《西游记》看多了！"小科无奈地说。

"斯坦爷爷，"看到刚进门的爷爷，小雪马上问，"雨真的不是雨神降下来的吗？"

"哈哈，确实不是。雨水到底是怎么来的呢？"斯坦爷爷笑着说，"我给你们讲一个小水滴变形的故事，你们就知道啦！"

斯坦爷爷继续说："小水滴住在大海里，海底有五颜六色的珊瑚和绿色的水藻。小水滴的家非常漂亮。这一天，小水滴正在贝壳上睡觉。突然，贝壳震动起来，把睡得正香的小水滴惊醒了。原来，贝壳打开了一条缝儿，吐出了一串串气泡。小水滴好奇地贴在气泡上，跟着它们一起上浮、上浮……来到了海面上！"

小科和小雪听得认真极了。

斯坦爷爷接着往下讲："小水滴发现，外面的世界这么美，湛蓝的天空飘着朵朵白云。小水滴闭上眼睛，感觉自己越变越轻，慢慢地飞了起来，离海平面越来越远。

"过了好久，小水滴和许多跟它一样的小伙伴在空中重逢了。天上有点儿冷，它们挤在一起，变成了一大朵云。又过了好久，空气越来越冷，挤在一起的小水滴越来越多，云朵的颜色越来越深。终于，一阵闪电过后，小水滴和伙伴们一起从高空中落下。它和一些小伙伴落进了河里，另外一些跑得远的小伙伴还变成了漂亮的雪花，落在了高高的山顶上。

"很快，小水滴就顺着河水流进了大江，接着又回到了熟悉的大海。至于那些落在雪山上的小伙伴，估计等天气暖和了，它们融化成水，汇入河流，就会回来吧。"

你来想一想

在自然界中，水都有哪些形态？

水的三态

自然界中，水以多种不同的形态存在。水的三态是固态、液态和气态。水的形态的变化过程与温度有着密切的关系。

水的形态	变化的过程	水的物态	变化的条件
云	水蒸气在大气中遇冷，其中一部分变成水滴，一部分变成冰晶	固液共存	温度下降，0℃以上
雨	水蒸气在大气中液化成小水滴后，从空中落下	液态	温度下降，0℃以上
雾	水蒸气在近地面处遇冷，液化成小水滴，吸附在浮尘上，分散在空气中	液态	温度下降，0℃以上
露	水蒸气在近地面处遇冷，液化成小水滴，附着在物体上	液态	温度下降，0℃以上
霜	水蒸气遇冷，变成冰晶附着在物体上	固态	温度下降，0℃以下
雪	水蒸气在大气中变成冰晶后，从空中落下	固态	温度下降，0℃以下
冰	液态的水遇冷变成固态的冰	固态	温度下降，0℃以下

水的三态变化

冰、雪、霜是固态水，雨、雾、露是液态水，水蒸气是气态水。云是由小水滴和小冰晶这两种物质组成的，所以，云既不是固态，也不是液态，而是固液共存的状态。

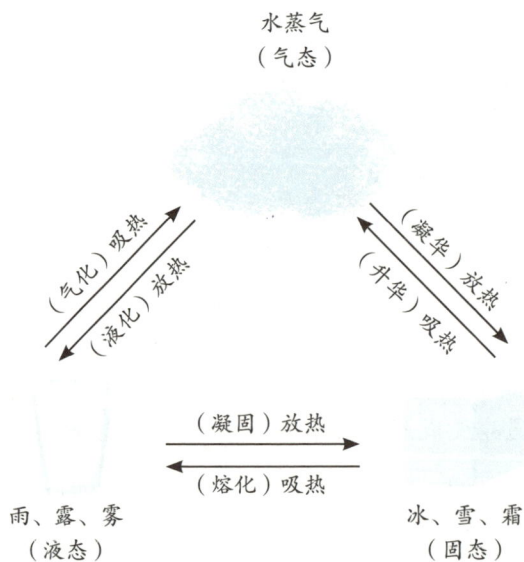

雪

固态水

霜

冰

水蒸气
（气态）

（气化）吸热
（液化）放热

（凝华）放热
（升华）吸热

（凝固）放热
（熔化）吸热

雨、露、雾
（液态）

冰、雪、霜
（固态）

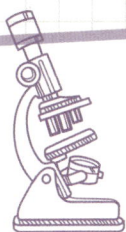

实验 快速制作冰淇淋

实验目的

了解冰融化成水时，会从周围环境中吸收热量这一现象。

实验材料

牛奶、淡奶油、糖、冰块、盐、巧克力酱、两个密封袋、一个保温袋。

巧克力酱

密封袋和保温袋

牛奶和淡奶油   冰块

糖   盐

实验步骤

1. 将牛奶、淡奶油、糖放在容器里搅拌均匀。

2. 将搅拌好的混合物倒进密封袋里，排出空气，封口。

3. 将冰块和盐放入另一个密封袋。

4. 将装有混合物的密封袋放入装有冰块和盐的密封袋中，排出空气，封口，将密封袋放进保温袋。

5. 时不时地摇晃保温袋，10~15 分钟后，检查冰淇淋是否已冻硬。

6. 倒上巧克力酱，一份巧克力味的冰淇淋就做好了。

实验小结

冰块融化成水的过程吸收了混合物的热量，混合物_____。

9

水的三态变化和水循环

地球表面大约有七成的面积被水覆盖，除了地表常见的江、河、湖、海、冰川，还有藏于地下的地下水。自然界中的水形态多变、循环流动，水循环的过程复杂而且永不止息。

自然界中，水循环是水从蒸发、冷凝，再到降水的过程。

当江、河、湖、海的水被阳光照射时，水通过吸收热量，气化成水蒸气。水蒸气上升的过程叫蒸发。从这一步开始，水就开始了循环的旅程。

随着水蒸气不断上升，到半空中时，它会遇到冷空气而变成小水滴或小冰晶。小水滴或小冰晶聚在一起，组成了云。随着云越变越重，根据当时的温度情况，云会变成雨、雪、冰雹等不同形态落下来。这就是我们常说的降水。一部分降水重新回到江、河、湖、海，还有一部分降水渗入地

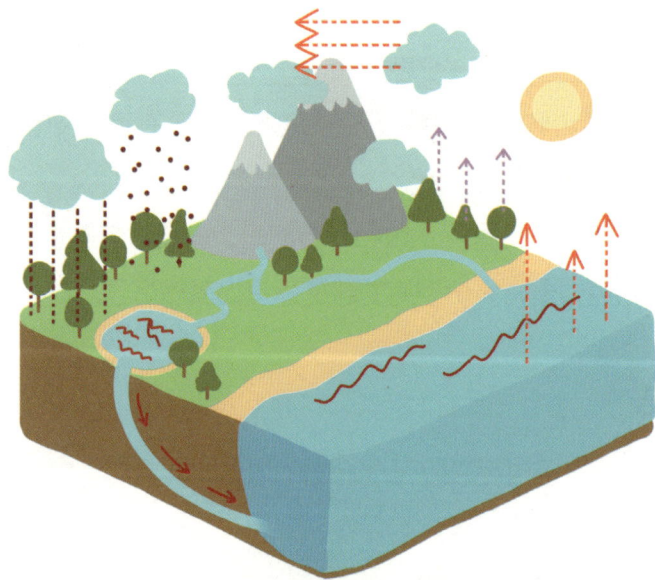

下，变成地下水。

"你知道吗，"小科说，"在寒冷的地方，雪和冰并不会先化成水再蒸发。它们会直接变成水蒸气，这就是升华。植物中的水分也会变成水蒸气，散到空气中，这个现象就是蒸腾作用。"

"原来水的三态变化在自然界中这么常见。"小雪好奇地问，"在生活中，我们是如何利用水的三态变化的呢？"

"说起这个，那可有太多的例子了。"小科说。

我们每天都要吃的食盐，其制作过程利用了水蒸发的原理。海水含有大量的盐，将海水引入晒盐的盐田，利用日晒使海水中的水蒸发，让海水中的盐结晶，这就是从海水中提取食盐的传统方法——盐田法。

晒干菜、蒸包子、用冰块给鱼保鲜、人工降雨……这些都是人们对水的三态变化的利用。

"我知道了！"小雪受到了启发，"在海边的时候，我们吃冰淇淋消暑，这就是利用了固态水变成液态水时吸收热量的特性。"

第二章
水的溶解特性

溶解度　溶解性　溶质

溶液　溶剂　溶解

爸爸妈妈和斯坦爷爷带小科和小雪出门玩。路上，小家伙们觉得有点儿无聊。车子开到桥上时，小雪眼珠一转，摇了摇小科。

"哥哥，你听过小马过河的故事吗？"小雪问。

"当然，不就是牛和松鼠的体型不同，对河水深浅的看法也不同嘛。"小科无精打采地回答，"这故事都听腻了。"

小雪接着问："那你听过驴子过河的故事吗？"

"这是个什么故事？"小科顿时来了精神，"快讲讲。"

小雪想了想，说："盐商和买家分别住在小河的两边，他们互相交换物品已经很多年了，彼此都很信任对方。后来，盐商就让自己的驴子独自驮着盐过河给买家送货。有一次，驴子像往常一样驮着盐过河，可是河水很急，盐又很重，驴子走得摇摇晃晃。突然，驴子一不小心一脚踩空，摔倒了，盐袋浸入河水里，盐溶解了。站起来时，驴子惊讶地发现背上的袋子变轻了，它高兴不已。

"后来有一天，这头驴子驮着一袋棉花过河。它在河水里走着走着，想起了上次的经历。驴子想：上次跌进河里，背上的东西就变轻了，这次说不定也能变轻呢……

"于是，驴子故意一脚踩空，摔进了河水里。不过和上一次不同的是，当它想再次站起来时，背上的袋子变得像山一样重。驴子被袋子压得连气都喘不过来了。"

小科听完小雪的故事，认真地思考起来。

你来想一想

同样是落进水里，为什么盐袋子和棉花袋子一个会变轻，一个会变重呢？

13

溶解

棉花袋子遇水变重的问题比较简单。想一想，我们洗衣服的时候，泡过水的衣服是不是会变重？用手将衣服拧干，衣服会变轻，这说明湿衣服的质量包含了衣服本身的质量和水的质量，所以，湿衣服变重了。

盐袋子泡进水里后为什么会变轻呢？我们要用一个概念来理解这种现象。

溶解指一种物质均匀地分散在另一种物质中，并形成溶液的过程。这种均匀分散的状态十分稳定，用过滤和沉淀的方法也不能把溶液中的物质分离出来。比如，将少量的食盐放入水中，一段时间后，食盐会"消失"，搅拌均匀后，杯子里的每一滴液体都包含水和食盐两种物质。在驴子过河的故事里，袋子消失的那部分质量就是溶解在水中的盐的质量。

生活中还有哪些物质能溶解在水里呢？试着找一找吧。

我们把被溶解的物质叫作溶质，把溶解其他物质的物质叫作溶剂。在盐水这种溶液中，食盐是溶质，水则是溶剂。

"真想把全世界的糖都加进我的水壶里。"小雪咂咂嘴，说，"那我就有世界上最甜的一壶水了。"

"这真是个甜蜜的想法。但是，有个问题，糖能在水中无限度地溶解吗？"斯坦爷爷问。

"这……"小雪答不上来。

"不能。任何物质都不可能无限度地在水中溶解。"斯坦爷爷说。

溶解性

一种纯净物质在另一种纯净物质里的溶解能力大小，被称为这种物质的溶解性。溶解性表示的是物质在特定条件下能够被溶解的程度。溶解性不仅和溶质的性质有关，也和溶剂的性质有关。

往水中持续加盐，让盐水达到无法继续溶解盐的状态，这就很像一个人吃饱了，不能再吃下东西，这种状态就是饱和。简单来说，在一定的温度下，把一定量的溶质和溶剂混合，如果溶质不能被溶解，这时候的溶液就是饱和溶液；如果溶质能被溶解，这时候的溶液就是不饱和溶液。

往一杯饱和盐水中继续加盐，然后，加热这杯饱和盐水，会出现什么现象呢？杯中的饱和盐水温度升高，没能溶解的盐就会继续溶解在水中。当杯中的溶液达到饱和状态时，降低溶液温度，就可以看到杯中出现盐的结晶。

温度是影响溶解性的因素之一。一般来说，温度越高，溶质在溶剂里溶解的速度越快，它的溶解度也就越高。

溶解度

一般来说，在一定温度和压力下，物质在 100 g 的溶剂中能溶解的最高量叫作这种物质的溶解度。

比如，在 20℃的水中，食盐的溶解度是 36 g/100 g 水，这表示 100 g 的水最多能溶解 36 g 的盐。

"是不是所有的物质都能像食盐和糖一样，可以均匀地、快速地溶解在水里呢？"小科问。

"当然不是，"斯坦爷爷说，"在相同的条件下，不同溶质的溶解度不同。比如，在同样的温度下，把相同样质量的小苏打、食盐和糖分别倒进三杯相同质量的水里，你会发现，小苏打的溶解度最小，食盐的最大。"

"哥哥，我们回家以后试试看吧。"小雪说。

"同一种溶质，在不同溶剂中的溶解度也不同。如衣服上的油渍用水洗不掉，却可以用汽油洗掉。这是因为油不能溶于水，但是可以溶解在汽油溶剂中。"斯坦爷爷补充道。

盐不见了。

实验 加速溶解盐

实验目的

了解盐的溶解速度与水温的关系。

盐

实验材料

盐、一杯冷水、一杯温水、一杯热水。

冷水　温水　热水

实验步骤

1. 准备一杯热水、一杯温水和一杯冷水。

2. 分别向三杯水中加入相同质量的盐。

3. 观察盐在三种温度的水中溶解的速度。

冷水　温水　热水

实验小结

分别向热水、温水和冷水中加入等量的盐，按照溶解速度从快到慢的顺序排列三杯水，分别是_____。

气体溶解于液体

"溶质大多都是固体，那气体能溶解在液体中吗？"小雪问。

"当然。"小科打开一瓶可乐，许多小气泡争先恐后地从可乐里冒了出来，"这些小气泡就是溶解在液体里的二氧化碳。"

"能溶解在液体中的气体可不止二氧化碳一种。谁能再举一个例子证明气体可以溶解在液体中？"斯坦爷爷满心欣喜，心想这两个小家伙终于又能学点儿新东西了。

"我！我！"小雪想到了什么，激动地抢答，"鱼能在水里呼吸，说明氧气也能溶解在水里。"

斯坦爷爷说："氧气是地球上绝大多数动物生存所需的必要条件。水生动物也需要氧气来维持生命。在自然界中，氧气大多是以气体的形态存在的，但除了空气中的氧气外，还有部分氧气溶解在了水中。

"和固体溶质不同，一般情况下，气体溶质在温度较低的时候更容易溶解在液体里。

　　"在日常生活中，溶解在液体中的物质对人类的影响有好有坏。酸雨就是一个不好的例子。随着工业的发展，工厂向空气中排放的有害气体越来越多，加上汽车等交通工具超量排放尾气，这导致二氧化硫和氮氧化物污染大气。有害气体溶于水，酸雨形成并降落到地面，给土壤、植物、建筑物，甚至人的健康带来许多危害。

　　"有害气体溶解在水里，变成水循环和大气循环的一部分，其危害的范围就扩大了。"

　　"真可怕，我们要好好保护环境。"小雪不停地点头。

第三章
空气的奥秘

二氧化碳　　稀有气体

氧气　　氮气

晚饭后，小科和小雪正在房间里看书，妈妈推开门，给两个孩子端来一盘水果，随之而来的还有一股清新的香味……

"谢谢妈妈！"小雪开心地接过水果盘子，"空气里是什么味道？这么香！"

"这是香薰蜡烛的气味。"妈妈解释道。

小科和小雪很好奇，这能散发出美妙香味的蜡烛长什么样，他们跟着妈妈来到了客厅。茶几上，一个漂亮的铁罐子里，火苗正在微微地晃动。

"原来香味就是从这里散发出来的……"小雪感叹道。

"屋里已经很香了，我来把它灭掉吧。"妈妈一边说一边把放在蜡烛旁的盖子盖在了铁罐子上。

"这样可以让火苗熄灭吗？"小科有点儿好奇。他等到盖子不烫手的时候，打开看了看，果然，火苗已经熄灭了。

盖上盖子的香薰蜡烛为什么没有继续燃烧呢？

燃烧需要具备三个条件：可燃物，如蜡烛的棉芯；达到着火点的温度，如用火柴释放足够热能来加热棉芯，使棉芯燃烧；助燃物，如空气中的氧气。

香薰蜡烛的盖子盖上后，密闭罐子里能够支持燃烧的氧气很快就被消耗光了，于是蜡烛就熄灭了。

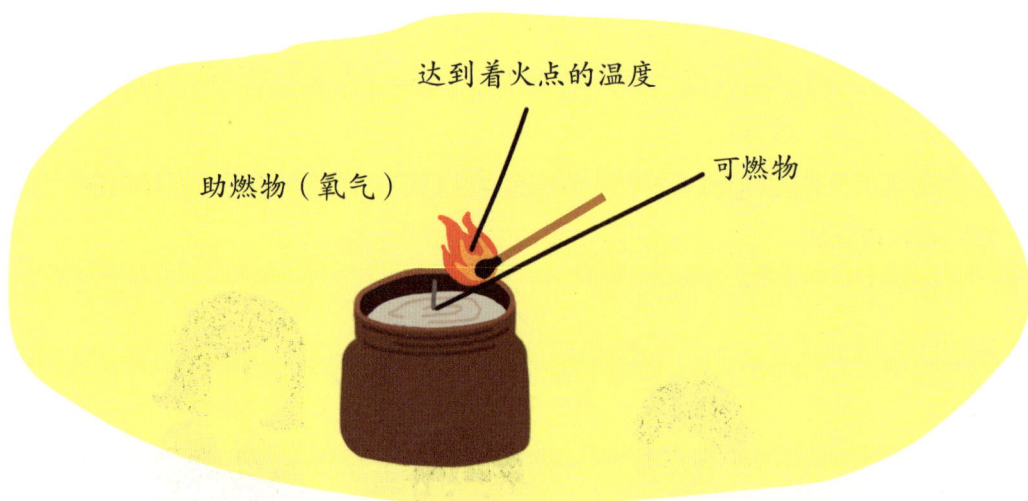

达到着火点的温度

助燃物（氧气）

可燃物

18 世纪，很多科学家都在探索燃烧这一现象背后的原因。当时，人们认为可以燃烧的物质中存在着"燃素"，它在燃烧过程中逸出，与空气结合。这种错误的燃素说在当时十分流行。

18 世纪 70 年代，瑞典化学家舍勒和英国化学家普利斯特里都成功地通过实验制得氧气，这种气体被舍勒称为"火空气"，被普利斯特里称为"脱燃素空气"。其实，"火空气""脱燃素空气"就是我们熟知的氧气，只是当时这两位化学家并不知道自己制造出来的是氧气。

拉瓦锡

1774 年，法国化学家拉瓦锡在实验中发现：磷、硫和一些金属燃烧后，其质量反而增加了。这推翻了燃素说。后来，拉瓦锡发现物质增加的质量刚好等于空气中消失的一种气体的质量。拉瓦锡最终确定空气中有一种气体支持燃烧，这种气体就是氧气。

氧气在空气中的体积占比是多少呢？让我们回到舍勒的实验，舍勒曾尝试把玻璃罩扣在水中，然后在玻璃罩内燃烧磷和硫化钾。燃烧停止后，玻璃罩内的水面上升了约五分之一。这时再将燃烧的蜡烛放入玻璃罩中，蜡烛很快就熄灭了。

斯坦爷爷笑着说："仔细回想发现氧气的过程，猜猜氧气在空气中的体积占比大概是多少？"

一阵沉默后，小科抬起头，大声地说："五分之一！"

"对了！气体和固体、液体一样，会占一定的空间。在舍勒的燃烧实验中，因燃烧消耗掉的这部分气体是氧气。当燃烧反应结束时，玻璃罩内的水面上升了约五分之一，这就是氧气所占的空间。"斯坦爷爷说。

你来想一想

空气中除了氧气还包含什么气体呢？它们在我们的生活中发挥了哪些作用？

23

空气的组成

　　空气覆盖在地球的表面，它无色无味，看不见，摸不着，却又无处不在。空气是由多种气体混合而成的。组成空气的气体主要有：氮气、氧气、稀有气体、二氧化碳以及其他物质。其中，氮气的体积占比约为78%，氧气的体积占比约为21%，稀有气体的体积占比约为0.94%，二氧化碳的体积占比约为0.03%，其他物质的体积占比约为0.03%。

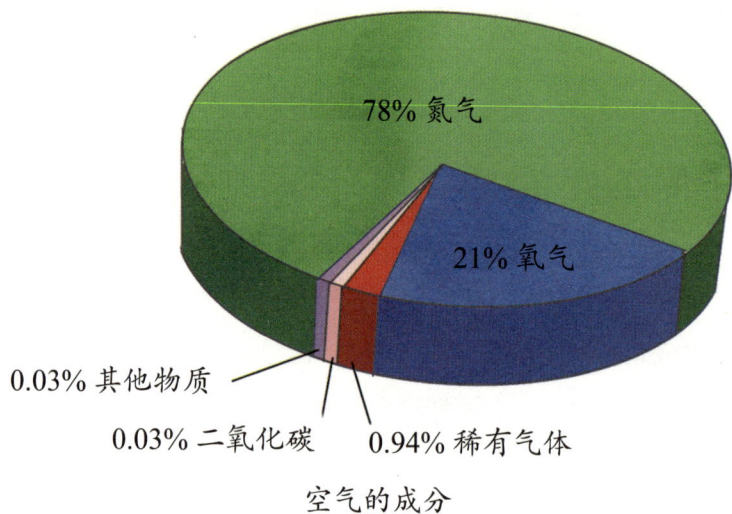

78% 氮气

21% 氧气

0.03% 其他物质

0.03% 二氧化碳　　0.94% 稀有气体

空气的成分

　　空气中的氮气和氧气占据了空气体积的99%。在很长一段时间内，人们认为空气中除了这两种气体外，只有少量的水蒸气和二氧化碳。那么，剩下的不到1%的物质是怎么被发现的呢？

　　19世纪末，英国物理学家瑞利在制备氮气的过程中发现，从空气中制得的氮总是比从含氮化合物中制得的氮重一些。

这多出来的物质到底是什么呢？难道是实验操作不规范造成的误差吗？

接下来，瑞利花了足足两年的时间，在一次又一次的实验中，证明了他的操作并没有任何问题。瑞利产生了一种新的想法：空气中会不会含有未被发现的物质呢？带着这个激动人心的推测，瑞利和他的朋友拉姆塞合作，经过实验和分析，终于揭开了这些未知物质的神秘面纱，稀有气体就这样被发现了。

稀有气体

通常情况下，稀有气体无色无味，很难与其他物质发生化学反应。

现在，人们已知的稀有气体包括氦、氖、氩、氪、氙、氡这六种天然存在的气体，以及一种人工合成的气体——氖。

稀有气体的化学性质极不活泼，哪怕让"性格活泼"的氯气或"脾气暴躁"的白磷和稀有气体接触，稀有气体也"无动于衷"。或许正是因为这种"懒惰"的性格，它们才能在空气中隐藏这么久都没有被发现吧。

氮气的用途

氧气能供生物呼吸，还能帮助物体燃烧。氮气在空气中的体积占比最大，它有什么作用呢？

在自然界中，大豆等植物根瘤里的菌类可以把空气中的氮固定为氮化物，为植物生长提供必需的养分。

氮气可以用来制作肥料；液态氮气可以应用于医疗；氮气不容易和其他物质发生反应，人们常把它作为防腐气体，用来保存食物；将氮气充灌在电灯泡里，可以减缓钨丝的损耗速度，延长电灯泡的使用寿命。

实验 吞鸡蛋的瓶子

实验目的

了解气压。

实验材料

一个煮熟的鸡蛋、一个瓶口比鸡蛋略小的空玻璃瓶、一杯热水、一双防烫手套。

熟鸡蛋　　　玻璃瓶　　　热水　　　　防烫手套

实验步骤

1. 剥掉的熟鸡蛋的蛋壳。

2. 戴上防烫手套，将热水倒入玻璃瓶里。

3. 玻璃瓶变热后，倒出热水。

4. 将剥壳后的鸡蛋，尖的一端朝下放到瓶口，让鸡蛋与瓶口紧密贴合。

5. 注意观察，随着玻璃瓶温度下降，会出现什么现象？

实验小结

随着玻璃瓶温度下降，鸡蛋＿＿＿＿＿＿＿＿＿＿＿＿＿＿＿＿＿＿。

大气保温效应

大气圈包围地球，阻挡了大部分来自宇宙的、对地球生物有害的辐射。大气中的二氧化碳、一氧化二氮等温室气体对地表有一定的保温作用。

人们在生产和生活中燃烧煤炭、石油等燃料，燃料燃烧排放出大量温室气体。同时，人们过度砍伐森林，破坏了二氧化碳转化的条件，这导致温室气体聚集，引发全球变暖。随之而来的，许多生物因适应不了环境的变化而大量死亡。

如果人类不控制温室气体的排放，全球平均气温持续上升，冰川也会加速融化，这会导致海平面上升，一些岛屿国家和人口集中的沿海城市都将面临被淹没的危险。

为了减少大气保温效应带来的危害，我们可以节约用水、用电，优先选择公共交通出行，植树造林，不乱砍伐森林。我们还可以避免使用氯氟烃等容易造成空气污染的物质，提高燃料的利用率和回收率，积极开发如核能、太阳能、风能、水能等可再生能源。

稀有气体的用途

稀有气体在空气中的体积占比不到 1%，但在生活中，稀有气体有着多种多样的用途。

氦：化学性质不活泼，是理想的填充气体，常被用来给潜水服和飞艇等充气。

氖：通电后放射出的红光非常明亮，常被用来制作指示灯。

氩：作为保护气体，在工业上的应用比较广泛。

氪：能吸收 X 射线，可用作 X 射线工作时的遮光材料，在科研和医疗领域应用广泛。

氙：发光强度极高，可用来制作闪光灯。氙和氧的混合气体还能当作没有副作用的麻醉剂。

氡：具有放射性，可用作气体示踪剂，用于管道泄漏检测。

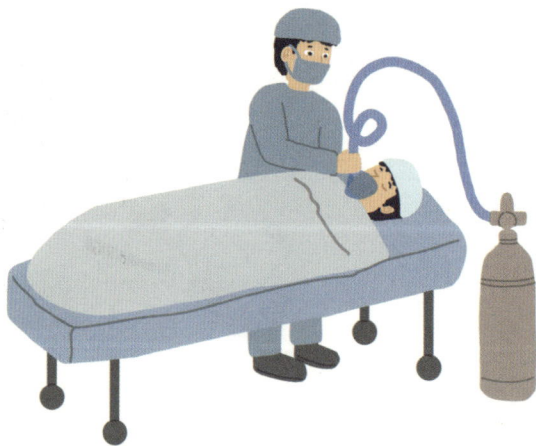

第四章
空气的流动

海陆风

山谷风   热岛效应

妈妈的生日要到了，小科和小雪去礼品店为妈妈挑选生日礼物。突然，一盏盏发光的灯具吸引了小雪的目光。

"哥哥，这是什么呀？"小雪问。

"这是走马灯。"小科说，"你看，它们一直在转动着。"

"好奇怪啊！"小雪看得出了神，"走马灯为什么会一直转圈呢？"

"哎呀，小雪，我们国家一位著名的桥梁专家，也有和你一样的疑惑呢。"小科说。

"真的吗？快给我讲讲吧。"小雪说。

小科耐心地回答："这位专家叫茅以升，在他小的时候，一个元宵节，家里买了两盏走马灯。茅以升对这两盏不寻常的灯好奇极了。

"走马灯的底部有专门放蜡烛的托盘，中间有一根轴，轴的下面连着烛托，连接处装有可以转动的小轮子。轴上粘着许多花花绿绿的小纸人和小纸马。

"到了晚上，走马灯里的蜡烛被点燃。神奇的事情发生了，走马灯开始旋转起来，轴上的小纸人和小纸马也跟着一起转动，明亮的烛光把小纸人和小纸马的影子投映在墙壁上，非常有趣。

"茅以升不眨眼地盯着走马灯。他的

走马灯内部结构

脑袋里充满了疑问：元宵节，街上有各种各样的花灯，每个灯笼里都有蜡烛，可为什么只有这种灯能转圈呢？为什么有的走马灯上的小纸人和小纸马转得快，有的走马灯上的小纸人和小纸马转得慢呢？"

"对呀，为什么呢？我也想知道。"小雪听得入了迷。

"这个……我也不太清楚。"小科遗憾地说。

他俩选好了礼物，决定回家去问斯坦爷爷。

你来想一想

你知道走马灯转动的原理吗？想一想，还有什么东西会像走马灯一样转动？

风的形成

　　风是一种自然现象，通常指水平方向的空气流动。阳光照射让地球表面的空气温度升高，但由于不同地方的纬度、海拔高度、水陆分布等各有不同，不同地方吸收的太阳热能并不一样。吸收热能多的区域空气温度更高，吸收热能少的区域空气温度较低。温度较高的空气受热膨胀，其密度降低而向上流动，温度较低的空气就会在水平方向上流动，以补充温度较高的空气上升后空出来的位置，这就形成了风。

　　在转动的走马灯里，推动轮轴的是空气受热膨胀后产生的上升气流，冷空气被上升气流挤压后，向下流动，形成了下降气流。两种气流循环，于是，走马灯里有了空气对流。

　　地球表面因受热不均匀而形成的空气环流叫作热力环流。海陆风、山谷风、热岛效应等都是热力环流中比较常见的例子。

海陆风

白天，陆地升温快，陆地上方的气流呈上升趋势，陆地旁边水域上方的冷空气会吹向陆地，形成"海风"。夜晚，陆地降温快，水域上方的气流呈上升趋势，陆地上方的冷空气会吹向水域，形成"陆风"。

山谷风

白天，山坡受到很强的光照，山坡附近的空气升温快，空气顺着山坡上升，形成"谷风"。夜晚，山坡降温快，空气沿着山坡下沉，形成"山风"。

热岛效应

城市的人口密度大，能源消耗多，由此形成了城市热岛，市区的气温总是比周围郊区高。市区温度较高，市区上方空气上升，而郊区温度相对较低，风从郊区吹向市区，形成热力环流。

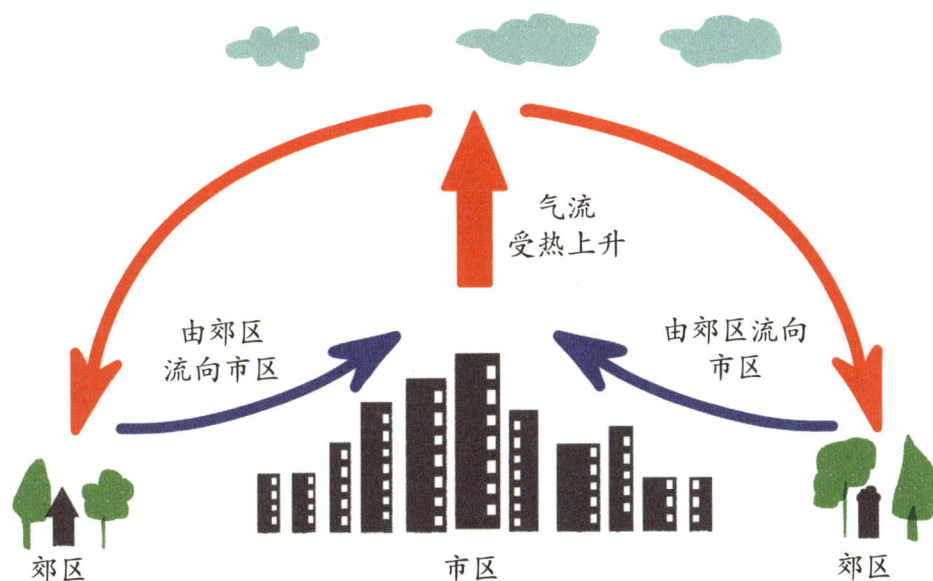

气流
受热上升

由郊区
流向市区

由郊区流向
市区

郊区　　　　　　　市区　　　　　　　郊区

实验 风如何形成

实验目的

了解风的形成原理。

实验材料

一个大塑料瓶、一个小塑料瓶、热熔胶枪、剪刀、记号笔、蜡烛。

小塑料瓶

大塑料瓶

剪刀

记号笔　　蜡烛

热熔胶枪

1. 将大塑料瓶从离瓶口 2/3 处拦腰剪开，小塑料瓶从离瓶口 1/3 处拦腰剪开。

2. 根据蜡烛的长度，预估蜡烛点燃后火苗的高度，在大塑料瓶的瓶身上做好圆形标记，用剪刀沿圆形标记剪开瓶身。

3. 使用热熔胶枪把小塑料瓶瓶口和大塑料瓶瓶身上的圆孔粘在一起，尽量不留缝隙。

4. 点燃蜡烛，将大塑料瓶扣在蜡烛上，小塑料瓶瓶口靠近蜡烛火焰。

5. 观察并记录火苗的变化。

实验小结

点燃蜡烛，扣上塑料瓶后，可以看到蜡烛火苗_____。

35

风能的利用

风能是一种清洁能源。很久以前，人们就利用风能来抽水，现在，我们可以用风能代替会污染环境的煤、石油等化石能源来发电。

风蕴藏着巨大的能量。对那些缺水、缺燃料、交通不便的地区来说，因地制宜地利用风力发电能解决能源不足的问题。

虽然风看不见也抓不住，但风能依然让科学家十分着迷。有人想象出一种充满科幻色彩的设备——"气幕屋顶"。具体的设计理念是这样的：用空气喷枪将空气挤压，挤压的空气喷射出来，冲向空中，然后缓缓地落下，形成一个透明的、像屋顶一样的防护罩。

发现了科学

⑤动植物和微生物

姚峰　辛向东　蒋韬　主编

邱可曼　绘

北京科学技术出版社

100层童书馆

本套丛书编委会

主编

姚　峰　辛向东　蒋　韬

编写

魏华丽　姚　峰　辛向东　蒋　韬　郑博森　袁　欣
殷明月　李潇潇　马雪姣　杜英杰　李　静

审校

李　轩

生志昊

图书在版编目（CIP）数据

发现了科学.动植物和微生物 / 姚峰, 辛向东, 蒋韬主编；邱可曼绘. —北京：北京科学技术出版
社，2024.3

ISBN 978-7-5714-3232-4

Ⅰ. ①发… Ⅱ. ①姚… ②辛… ③蒋… ④邱… Ⅲ. ①科学知识—少儿读物②动物—少儿读物
③植物—少儿读物④微生物—少儿读物　Ⅳ. ①Z228.1 ② Q95-49 ③ Q94-49 ④ Q939-49

中国国家版本馆 CIP 数据核字（2023）第 176723 号

策划编辑: 黄　莺　余佳穗
责任编辑: 郑宇芳
封面设计: 殷晓璐
图文制作: 北京旅教文化传播有限公司
责任校对: 贾　荣
营销编辑: 赵倩倩
责任印制: 吕　越
出 版 人: 曾庆宇
出版发行: 北京科学技术出版社
社　　址: 北京西直门南大街 16 号
邮政编码: 100035
电　　话: 0086-10-66135495（总编室）0086-10-66113227（发行部）
网　　址: www.bkydw.cn
印　　刷: 北京博海升彩色印刷有限公司
开　　本: 710 mm×1000 mm　1/16
字　　数: 25 千字
印　　张: 2.5
版　　次: 2024 年 3 月第 1 版
印　　次: 2024 年 3 月第 1 次印刷
ISBN 978-7-5714-3232-4

定　　价: 200.00 元（全 7 册）

欢迎来到神奇的科学教室

你们好，我是**斯坦爷爷**，是小雪和小科的爷爷。我是一名科学家。

嘿！我是小雪。我喜欢探索奥秘！

嘿！我是**布布**，是小科的好朋友。我喜欢从不同的角度看问题。

嘿！我是小科。我是一个科学迷。

你们好，我是小科和小雪的**爸爸**。我是一名航天科研工作者。

你们好，我是小科和小雪的**妈妈**。我在大学里教生物。

生物教室

目 录

来，说说你们最近掌握的生物知识！

植物也会随环境的变化而变化。郁金香在太阳升起时开放，到了晚上会收拢花瓣。

小雪真棒！

在夜晚开花的植物还有昙花和夜来香等。

动物和植物之间也会有交集，比如，小鸟和刺猬可以帮助植物传播种子。

接下来，就让我们一起走进大自然，去探索生物的奥秘吧！

第一章
植 物

光合作用　　植物的繁殖

茎　叶　　　种子

果实

花　根　　向光性

最近，小雪迷上了一款游戏。在游戏中，小鱼依靠吞食比自己体型小的鱼类不断地长大，最后变成海中霸主——鲨鱼。

爸爸看到小雪入迷的样子，忍不住问："小雪，你在玩什么游戏？"

小雪眨眨眼睛，说："这个游戏的规则是大鱼吃小鱼，小鱼吃虾米，虾米吃浮游生物，浮游生物吃绿藻。"

爸爸说："这是食物链，自然界中类似的食物链还有动物吃植物……"

"植物也能吃动物！"还没等爸爸说完，刚从外面踢球回来的小科说，"前阵子我在书上看到，植物也能吃动物！"

"植物吃动物？不可能！"小雪难以置信地说。

"小科说的是真的。"爸爸接着说，"你们听说过捕蝇草吗？"

小雪摇摇头，说："爸爸，给我们讲讲捕蝇草吧！"

爸爸说："那得从 1760 年说起，一位美国人声称自己发现了一种新奇的、能够捕捉苍蝇的植物。这种植物就是我们今天说的捕蝇草。

"捕蝇草是一种非常典型且常见的食肉植物，通常生长于热带雨林中。它不仅能捕食苍蝇、蚊子，甚至还能捕食青蛙等小型动物。

"当时捕蝇草的发现引起了不小的争议。有的植物学家认为捕蝇草会捕食动物，也有人认为捕蝇草的捕食行为是植物被碰触后的自然反应。

"1875 年，英国生物学家达尔文在《食虫植物》一书中给出了合理解释：植物可以诱捕并消化小型动物。这时，人们才接受植物也能捕食动物这一结论。"

"我也想养一盆捕蝇草，这样夏天家里就不会有蚊子啦！"小雪兴奋地说。

爸爸面露难色，说："相比野外的环境，家里的环境比较干净，蚊子太少，捕蝇草没法捕捉到足够的食物，到时候说不定还需要你们抓了蚊子去喂它呢！"

"我不要喂它！"小雪有些失望地说，"不过，大自然真神奇呀！"

你来想一想

你还知道有哪些食肉的植物吗？

植物的器官

　　人类有器官，植物有器官吗？当然有！以植物界中最高等的被子植物为例，它有根、茎、叶、花、果实、种子六大器官。植物的六大器官功能各不相同，根、茎、叶是植物的营养器官，承担了维持植物生命的基本功能；花、果实、种子是植物的生殖器官，是植物得以繁衍的基础。

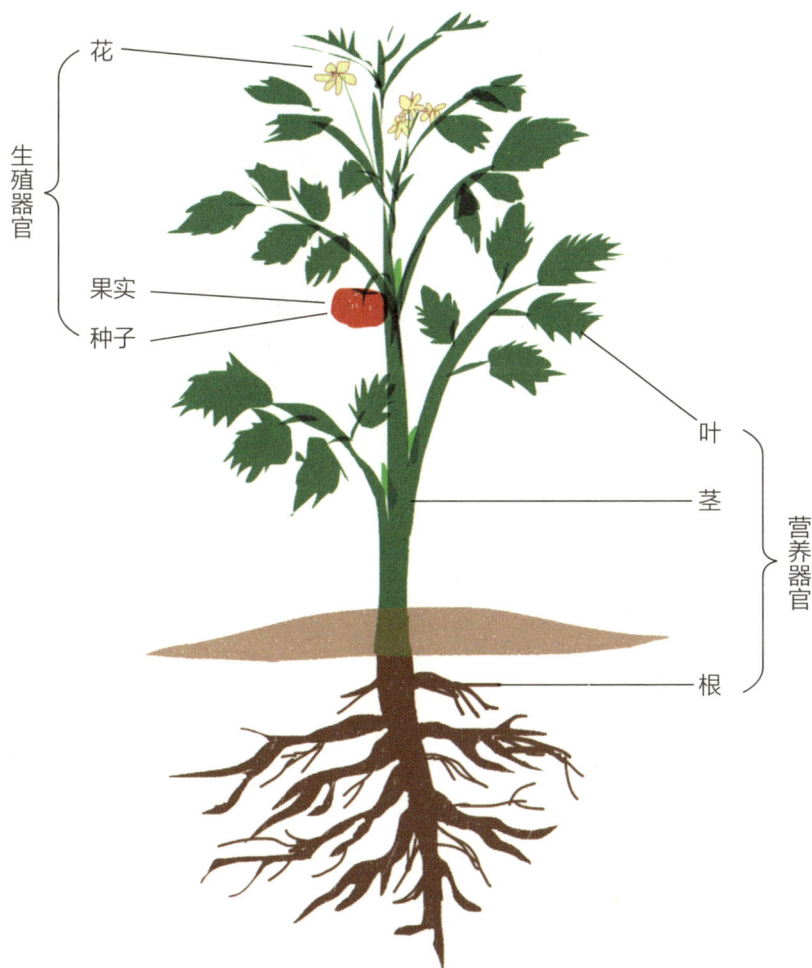

花

生殖器官

果实

种子

叶

茎

营养器官

根

根

　　根通常指植物位于地表之下的部分。根能帮助植物吸收水分、溶解水中的营养物质，并起到固定植株的作用。除了常见的形态，根还有几种变态类型，如能贮存营养物质的贮藏根、暴露在空气中的气生根、帮助寄生植物吸取水分和养料的寄生根等。

叶

　　叶含有的叶绿素是辅助植物进行光合作用的重要物质。叶由叶片、叶柄和托叶组成。为了适应环境，植物的叶发展出了各种各样的形态。比如，为了适应干燥的环境，保存植株内的水分，仙人掌的叶退化成了针状。

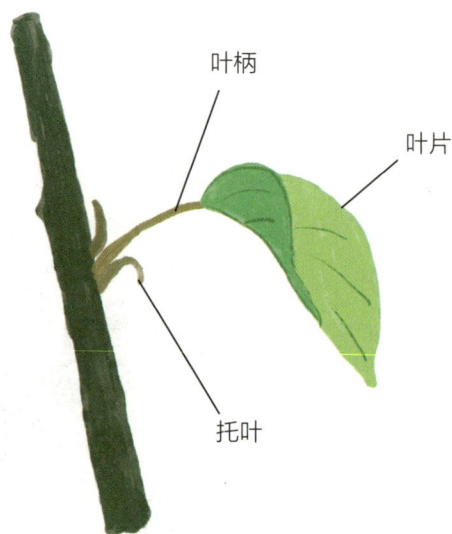

叶柄

叶片

托叶

茎

　　根从土壤中吸收到的营养物质和叶通过光合作用合成的产物，都要通过茎传输到植株的各个部位。茎的类型有：块茎，如马铃薯的茎；根茎，如姜的茎；鳞茎，如洋葱的茎。

马铃薯的茎

花

花是被子植物的生殖器官，可以帮助植物繁殖后代。典型的花生长在花托上，其结构由外至内分别是花萼、花瓣、雄蕊、雌蕊。花萼位于花的最外层，通常为绿色；花瓣通常较为柔软，颜色鲜艳；雌蕊和雄蕊统称为花蕊。

果实

果实是被子植物的雌蕊经过传粉受精，由子房、花托、花萼等部分发育形成的植物的生殖器官。我们把由子房发育形成的果实叫作"真果"，如桃、李、杏等；把由子房和花托、花萼等部分一同发育形成的果实叫作"假果"，如梨、草莓等。

种子

种子一般由种皮、胚和胚乳三部分组成。不同植物的种子的形状、大小、颜色和表面纹理都不相同。生活中很多常见饮料的原料就来自植物的种子。例如，人们将可可豆碾碎，研磨成粉，再用可可粉冲泡饮料。

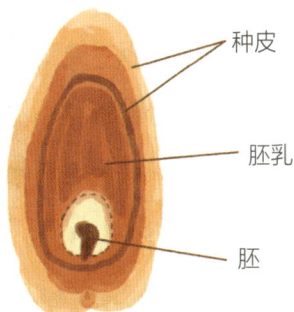

种子

种皮

胚乳

胚

植物的光合作用

　　绿色植物利用太阳光的能量，将二氧化碳和水转化成有机化合物，并释放出氧气，这个过程叫作植物的光合作用。

　　通过光合作用，植物用自然界中的无机化合物作为原料，制造出大量的有机化合物并贮存在植株内，为自己和其他生物提供营养物质和能量。

　　光合作用还有一个重要的意义，它有利于维持碳氧平衡。在自然界中，食草动物通过摄食植物来获得维持生命的能量，并通过呼吸排出二氧化碳。二氧化碳是植物进行光合作用的原料之一。通过光合作用，植物制造氧气释放到大气中，进而满足生物呼吸的需要。在这样的循环中，空气中二氧化碳和氧气的含量才能保持相对平衡。

氧气

阳光

二氧化碳

水

植物的生长过程

植物的生长

　　植物的生长通常从种子的萌芽开始。健康的种子在合适的温度、水分和空气条件下萌芽。成熟种子中的胚由胚根、胚芽、胚轴、子叶组成。胚根发育成主根；胚芽发育成植物的茎和叶；胚轴发育成连接茎和根的部分，它分为上胚轴和下胚轴；子叶有贮藏养料的功能。

　　在植物生长的旺盛期，植物的叶会快速生长，光合作用的成果开始显露出来。

　　经历了旺盛的生长期，发育成熟后，植物迎来开花期。这时，茎和叶的生长速度逐渐放缓，植株的能量被集中用于开花。

　　花期过后，就是植物种子的形成期。随着花朵凋谢，含有种子的果实在这一时期慢慢形成。

11

植物的繁殖

　　人类需要怀胎十月才能生育下一代，那植物是如何"生育"下一代的呢？植物繁殖的方式主要有三种：营养繁殖、种子繁殖、孢子繁殖。通过繁殖，植物的基本特征得以传递给新生个体。

　　植物的营养器官，如根、茎、叶等从母体上分离出来，直接发育成一个新的个体的繁殖方式，叫作营养繁殖。果树种植中的嫁接方式就属于营养繁殖。

　　植物利用雌雄花蕊授粉，进而结出种子来繁殖后代，这是种子繁殖。种子繁殖是植物最常见的繁殖方式。一般来说，能开花结果的植物都可以通过种子繁殖后代。

　　蕨类植物没有种子，但它们能产生具有繁殖能力的孢子。这些孢子在适宜的环境下可以直接或间接地发育形成新的个体，这种繁殖方式叫作孢子繁殖。

授粉

实验 植物根茎吸水

实验目的

探究植物的根和茎的作用。

实验材料

有完整根系的草本植物、透明容器、纸巾、食用油、红墨水、记号笔。

| 草本植物 | 透明容器 | 记号笔 | 食用油 | 纸巾 | 红墨水 |

实验步骤

1. 选择一株高矮、粗细适中的草本植物（如香菜、菠菜等）放入盛有水的容器中，确保只有植物的根部浸入水中。

2. 在水中滴入三四滴红墨水，摇匀后加入适量的食用油，使油在水面上形成一层薄薄的膜。

3. 用记号笔在容器外壁做记号，标注液面位置。

4. 将装有植物的容器放到阳光充足的地方。

5. 隔一段时间后，观察一下植物茎部和叶片颜色的变化。

6. 24 小时后，再次用记号笔在容器外壁标出液面位置。

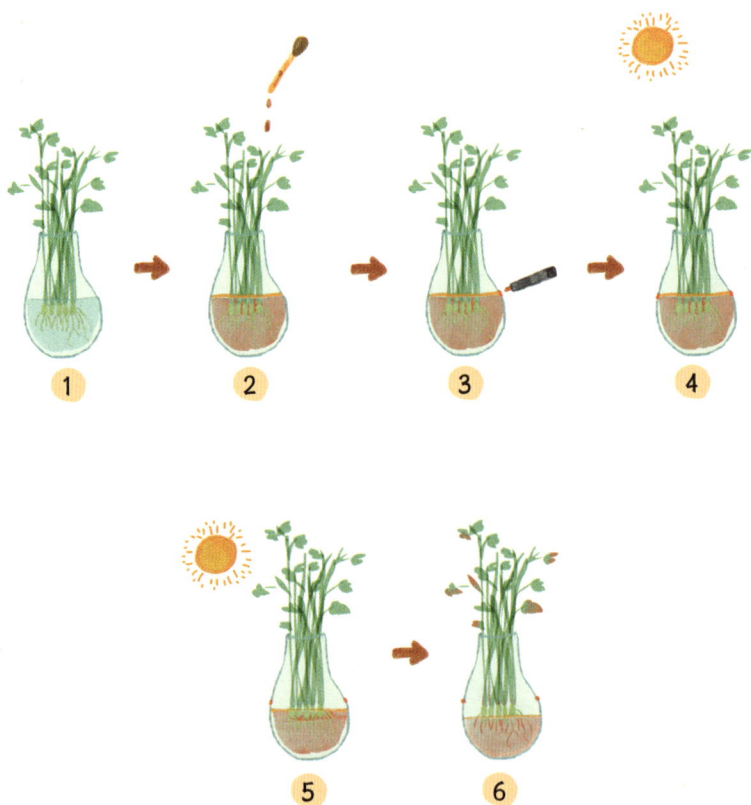

实验现象

1. 24 小时后，容器内液面（上升 / 降低），水量（增多 / 减少）。

2. 植物的哪些部分变成了红色？植物的根和茎分别有什么作用？

植物的向光性

无论在室内还是室外，植物在生长过程中总会向太阳"鞠躬"。即便你调整花盆的角度，让植物和太阳"背对背"，要不了多久，植物还是会再一次朝着太阳的方向"俯首"。这是怎么一回事呢？

我们把植物朝着太阳的方向生长的现象叫作植物的向光性。植物的某一器官或组织会分泌一种能调控植物生长的植物激素，我们把这种植物激素叫作生长素。生长素在植物内的分布受光照的影响。生长素的分布情况会使背光一侧的植物生长较快，进而使植物朝着阳光较多的地方生长。

第二章
动 物

动物的身体结构

食草动物

再生的壁虎尾巴　食肉动物

乌鸦喝水　　鲨鱼皮结构

斯坦爷爷回到了自己的家。小科、小雪想去看看斯坦爷爷，他们还带上了布布。

布布一进斯坦爷爷家就说："爷爷，我们想听您讲故事，给我们讲个精彩的故事吧。"

斯坦爷爷笑着说："平时还没听够呀？那我今天给你们讲一讲我在岛上历险的故事吧。"

小科、小雪和布布一听，兴奋得不得了。

"有一年，我和几位生物学家一起登上了一座植物茂盛的小岛。我们要考察这座人迹罕至的岛上都有哪些动物和植物，希望能发现新的物种。一天又一天过去了，我们采集了很多植物标本。一天晚上，我和同事们累极了，于是搭好帐篷准备休息。这时，外面传来'呜——呜——吼——吼——'的声音，好像是某种动物的叫声。大家坐在帐篷里，看到月光将一些庞大的动物的影子投映在了帐篷上。当时，我们害怕极了。

"呜—呜—!"

"吼—吼—!"

"突然，一只动物停了下来，张开它巨大的嘴巴。"

小科、小雪和布布深深地缩进沙发里，吓得一动也不敢动。小科壮着胆子问："然后呢？斯坦爷爷！"

斯坦爷爷笑了笑，接着说："明亮的月光把动物牙齿的形状投映在了帐篷上。我仔细看了看它的牙齿，顿时放松下来。

"一位生物学家也反应过来，但其他人还是一头雾水，他们迷茫地看着我。于是，我对那些还神经绷紧的人解释道，外面的这几个大家伙应该是食草动物，它们可不喜欢吃肉，不会把我们吃掉。"

斯坦爷爷说完，小科、小雪和布布你看看我，我看看你，他们还是没有明白这是怎么一回事。

看着小家伙们迷惑的样子，斯坦爷爷继续说："帐篷上牙齿的影子看上去是扁平的。

"食肉动物和食草动物的牙齿形状有很大的差异。食肉动物的犬齿长而尖锐，这种牙齿方便它们杀死和撕咬猎物。食草动物的牙齿看起来就平整多了，它们的牙齿通常宽大扁平，磨齿比较发达，能够很好地将吃进去的植物磨碎。"

小科听了恍然大悟，说："原来动物的牙齿暴露了它的食性。帐篷上动物牙齿的影子是扁平的，所以它属于吃植物的食草动物！"

你来想一想

动物的身体结构不同，这决定了它们的运动、捕食和繁殖方式等存在很大的差异。你还知道哪些食草动物和食肉动物身体结构上的差异吗？

动物的皮肤

动物的皮肤可以阻止有害物质侵入动物体内，保护它们的身体组织。

哺乳动物体表覆盖的皮毛有保温的作用。比如，北极熊生活在寒冷的北极地区，厚厚的皮毛可以帮助它们抵御严寒天气。

蜥蜴属于爬行动物，它们干燥的皮肤上覆盖着坚硬的鳞片，这种皮肤能够帮助它们在爬行过程中避免擦伤。

青蛙属于两栖动物，它们的皮肤通常具有呼吸功能，摸上去非常光滑。这是因为青蛙的皮肤能够分泌黏液，使它们更适应潮湿的环境。

青蛙的皮肤非常光滑

北极熊有厚厚的皮毛

蜥蜴的皮肤上覆盖着鳞片

动物的运动方式

在漫长的演化过程中，不同的动物有
了不同的运动方式：有的在天空中飞行，
有的在陆地上奔跑、跳跃、爬行，有的在
水中游来游去……

哺乳动物发达的四肢能让它们跑得
更快，方便它们追逐猎物、躲避危险；
羽毛能让鸟类更好地利用风力抬升身
体，以便在空中飞行和滑翔；鱼类的鳍就像
船桨一样，能帮助它们在水中快速游动。

游动的金枪鱼

为了更好地适应栖息环境，同一类动物
也可能有不同的运动方式。例如，主要生活
在非洲的鸵鸟虽然属于鸟类，却不会飞行。
为了适应草原和荒漠的环境，鸵鸟进化出了
超强的奔跑能力。

动物的行为

奔跑的鸵鸟

动物的行为方式与它们栖息的环境相适应。

温暖的环境和充足的氧气是孵化海龟蛋的必
备条件。所以，大批海龟选择在 5~9 月爬上海岸，寻找合适的地方产卵。

为了度过寒冷的冬天，北极地松鼠、北极熊等动物会寻找合适的地方
冬眠。它们降低自己的体温和呼吸频率，不吃食物也不运动，直到第二年
春天。

动物是食物链中的消费者，它们无法自己产生能量物质，只能通过食用其他生物来获取能量。动物的捕食方式多种多样，例如，电鳗在捕食的时候会在水中放电，击晕猎物。

你读过《小壁虎借尾巴》吗？故事里的小壁虎尾巴断了，它着急地到处借尾巴。最后在壁虎妈妈的提醒下，它才发现不知不觉中自己已经长出了一条新的尾巴。

为了喝到瓶子里的水，乌鸦朝瓶中投石头使水面上升

壁虎在躲避天敌时，有时会选择自断尾巴逃生。掉落的尾巴能够吸引天敌的注意力，为它们争取逃走的时间。过一段时间，壁虎就会长出一条新的尾巴。

有不少动物具有再生能力，如蝾螈、螃蟹、海星等。螃蟹断肢之后，伤口处会长出新的"腿"和"脚"。海星失去自己的腕之后，会长出一条新的腕。海星断掉的腕甚至可以长成一个完整的海星。蝾螈就更厉害了，即使它大脑受伤了，也能在几个月之内完全复原。蝾螈的再生能力堪称神奇。

海星

壁虎

实验 动物如何保温

实验目的

了解动物皮毛的保温作用。

准备材料

两双一次性手套、一双毛线连指手套、密封袋若干、植物油、一盆冰水。

一盆冰水

一次性手套

毛线连指手套

密封袋

植物油

实验步骤

实验一：

1. 双手戴上一次性手套，将其中一只手套外涂满植物油，可以多涂一些。

2. 在戴好手套的两只手上套上密封袋，袋口处密封好，将双手同时放入冰水中。

① ②

实验二:

1. 将用过的一次性手套丢弃,双手戴上新的一次性手套,其中一只手上再戴上一只毛线连指手套。

2. 在戴好手套的两只手上套上密封袋,袋口处密封好,将双手同时放入冰水中。

① ②

实验小结

1. 在两次实验中,放入冰水中的两只手感受一样吗?

2. 在两次实验中,哪只手感觉更温暖?

3. 植物油模拟了动物身体的什么部分?毛线连指手套又模拟了动物身体的什么部分?

鲨鱼皮泳衣

鲨鱼是海洋中的顶级猎食者，它的游动速度非常快，这和鲨鱼皮构造有直接关系。鲨鱼的身体呈纺锤形，皮肤表面覆盖着一层有突起和沟槽的特殊鳞片——盾鳞。当鲨鱼快速游动时，这种看似粗糙的盾鳞能疏导海水，从而降低来自海水的阻力。

根据鲨鱼皮的这种特性，科学家研发出一种人造材料用来制作竞赛泳衣——鲨鱼皮泳衣。这种泳衣仿照鲨鱼皮表面的盾鳞结构，能提高穿戴者的游泳速度。然而，为了保证比赛的公平性，世界游泳联合会宣布禁止选手使用鲨鱼皮泳衣。

虽然鲨鱼皮仿生技术无法应用于竞技体育领域，但是，因为盾鳞结构有减少阻力、降低能量消耗的作用，这一技术现在被广泛应用于航空、汽车、风力发电等领域。

细胞

细胞是生物体结构的基本单位。除了病毒之外，所有的生物都是由细胞构成的。有趣的是，虽然病毒没有细胞结构，但是，病毒的生存、活动和繁殖都需要在细胞中进行。可以说，细胞就是生命的根本。

我们把那些只由一个细胞构成独立个体的生物称为单细胞生物。包括人类在内的高等动植物，都是由很多细胞组成的，我们把这样的生物称为多细胞生物。

动物细胞和植物细胞都十分微小，只有借助显微镜，我们才能一窥它们的真面目。

细胞学说

细胞学的创立和发展与显微镜密不可分。16 世纪，显微镜由荷兰的詹森父子发明，后来，荷兰生物学家列文虎克改进了显微镜的放大率，观察并记录了各种生物的细胞组织。从此以后，科学家开始对动植物的细胞结构产生了强烈的好奇心和求知欲，纷纷使用显微镜进行科学探究。

1839 年，德国植物学家施莱登和动物学家施旺共同创立了细胞学说。这一学说认为一切生物都是由细胞构成的。细胞学说的出现为英国生物学家达尔文提出进化论奠定了理论基础，对整个现代生物学的发展具有重要的意义。因此，德国思想家恩格斯将细胞学说列为 19 世纪自然科学的三大发现之一，另外两大发现分别是进化论和能量守恒与转化定律。

细胞的结构

通过显微镜，我们可以观察到细胞内部的结构。就像人类的心、肝、脾等脏器各有不同的功能一样，不同的细胞结构也有不同的"工作内容"。

绝大多数动物细胞和植物细胞都包含细胞核、细胞膜和细胞质。细胞核相当于细胞的大脑，包含细胞绝大部分的遗传信息，能够"指挥"细胞进行生命活动。细胞膜也叫质膜，是一层分隔细胞内外环境的薄膜。在细胞膜和细胞核之间，存在一些透明的、黏稠的液体，这就是细胞质。

动物细胞和植物细胞也存在一些差异。植物细胞的细胞膜外面覆盖着一层坚韧而有弹性的细胞壁，细胞壁对细胞起保护作用。很多植物细胞的细胞质中还存在一种特殊的细胞器——叶绿体。叶绿体能帮助植物细胞进行光合作用。动物细胞中没有细胞壁和叶绿体。

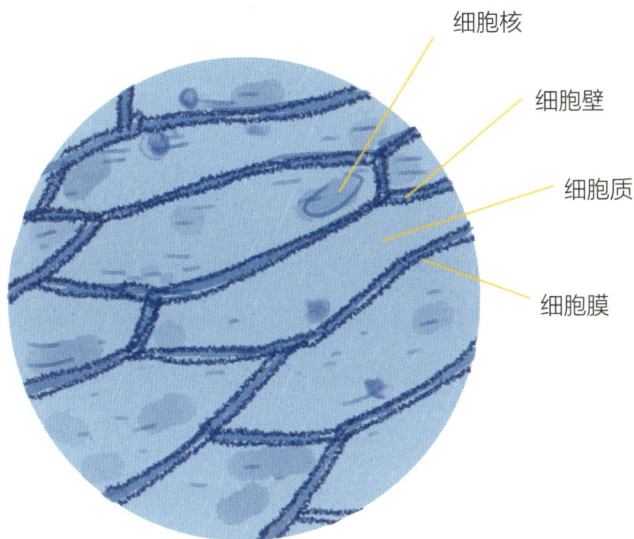

细胞核

细胞壁

细胞质

细胞膜

洋葱表皮细胞

第三章
微生物

细菌　病毒
真菌
原生动物

小科在客厅里和同学打电话，小雪在书房里一边喝酸奶一边看电视。

过了一会儿，小科垂头丧气地挂断了电话。妈妈看见他的样子，忍不住问："小科，你这是怎么了？电话是谁打来的？"

"我在班上最好的朋友打来的，"小科沮丧地说，"这周末的篮球比赛要取消了。"

"为什么要取消呢？"妈妈不解地问，"你们不是为比赛准备了很久吗？"

"他得了肺炎，好像是因为细菌感染，"小科说，"我们的参赛人数不足，只好取消了比赛。他还拜托我做好课堂笔记，回头借给他补课用。"

妈妈担心地问："那他现在好些了吗？"

"这个星期他感觉好多了，上个星期他特别难受，一直在发高烧。"小科说，"细菌到底是什么？怎么这么可怕？"

　　"细菌是一种微生物，我们用肉眼根本看不见它。"妈妈说，"不过，我们虽然看不见细菌，但经常会接触到它。你刚刚用过的电话上就有不少细菌呢！"

　　"妈妈，你可别吓我！"小科被吓坏了，"我是不是也要生病了？"

　　"在我们的生活中，细菌本来就无处不在，"妈妈笑着说，"并不是所有的细菌都会让人生病，你不用担心。"

就在这个时候，小雪举着手里的酸奶瓶子，一边哭一边从书房里跑出来，说："妈妈，我把细菌吃到肚子里啦！你快救救我吧！"

妈妈吓了一跳，赶紧把小雪抱过来问："你把细菌吃到肚子里了？"

"我……我一边喝酸奶一边看电视，"小雪哭着说，"然后，我听到电视里说酸奶里有很多乳酸菌，我把乳酸菌都吞进肚子里了……"

妈妈听了小雪的话，扑哧一声笑了出来，说："乳酸菌是一种对人体有益的细菌，我们把它吃进肚子里也没关系，并不是所有的细菌都是有害的。我们把那些会使人生病的细菌叫作致病菌，把那些有益于人体健康的菌群叫作益生菌。"

你来想一想

除了细菌，你还知道哪些微生物？微生物在我们的生活中起着怎样的作用呢？

微生物

　　除了动物和植物，地球上还生存着一些我们无法用肉眼看见的生物。这类生物的个体通常都很微小，要用显微镜才能看清它们的面貌，所以它们被称为微生物。微生物的个体形态非常多样，有方形的、圆形的、球形的、螺旋形的……我们常说的细菌、病毒、真菌和原生动物等都属于微生物。

细菌

　　细菌是生物界中最古老的生命形式之一。细菌喜欢生活在温暖的、潮湿的、营养物质丰富的地方。我们的身体内外和周遭的生活环境中都有细菌。

　　我们日常生活中常见的奶酪、酸奶、啤酒等食品就是借助细菌制成的。随着科学研究不断深入，科学家发现了许多能被人类利用的细菌，并把它们应用在了工业、农业、制药等领域。

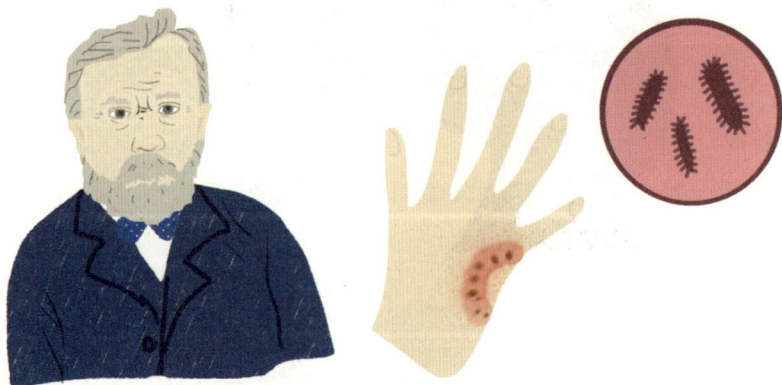

法国微生物学家巴斯德是研究微生物的先驱，他提出传染病是由病原微生物引起的，并发明了狂犬病疫苗

病毒

病毒没有细胞结构，因此它无法离开生命体单独存在和繁殖。一般情况下，病毒会寄生在生物体的细胞中，依赖宿主细胞中的能量和代谢系统进行核酸复制以及蛋白质合成，以产生新的病毒。

病毒通常有很强的致病性。常见的由病毒引起的疾病有流行性感冒、水痘、天花、艾滋病等。一般情况下，感染病毒后，病人经过临床治疗就可以痊愈。但也有不少病毒，会在人体内保持相对稳定而无害的状态，这就是所谓的潜伏期。在潜伏期内，人虽然感染了病毒，却不会出现任何症状，只有当人体免疫系统变得薄弱时，病毒才会被激活。

原生动物

原生动物是一种体型小且结构简单的单细胞生物。疟原虫是原生动物的一种，它通常寄生在蚊子体内，是一种可怕的疾病—— 疟疾的病原体。总的来说，原生动物在自然界中扮演着非常重要的角色。它是食物链中的生产者，通过光合作用生产氧气和营养物质，也是食物链中的分解者，能让营养物质得以循环利用。

真菌

真菌是一种真核细胞型微生物。只有少数真菌具有致病性，大多数真菌对人体无害，甚至还能食用。蘑菇是一种常见的食物，我们也许会认为它是一种植物。其实，蘑菇可不是植物，它属于食用蕈（xùn）类，而食用

食用蕈

蕈类是真菌的一种。蘑菇不是自养生物，它通常寄生在枯枝烂叶和肥沃的土壤中，以获得生长所需的养分。

实验 "玩转" 酵母菌

实验目的

了解酵母菌发酵糖类物质的过程。

准备材料

两个矿泉水瓶、两个气球、糖、盐、两包酵母粉、记号笔、大水盆。

矿泉水瓶

气球

糖

盐

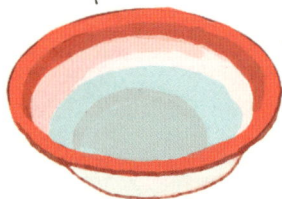
大水盆

酵母粉

记号笔

实验步骤

1. 在两个矿泉水瓶中加入等量的温水，液面高度大约在瓶子的 1/3 处。

2. 向两个矿泉水瓶中各加入一包约 3g 的酵母粉。

3. 用记号笔为矿泉水瓶编号。在 1 号瓶中加入一汤匙盐，在 2 号瓶中加入一汤匙糖。

4. 摇晃两个瓶子，使盐、糖、酵母粉充分溶解。将气球分别套在两个瓶子的瓶口处，瓶口密封。

5. 将两个矿泉水瓶放在大水盆中，向大水盆中加入适量的温水，使水盆中的液面高度高于矿泉水瓶中的液面高度。

6. 持续向大水盆中倒入温水，使其温度保持在 30 ~ 40℃。观察并记录气球的变化。

实验小结

酵母菌是异养生物，在生长过程中需要消耗营养物质。在实验中，1 号瓶中的盐并不是酵母菌能利用的营养物质，瓶口的气球_____。2 号瓶中的糖可以在发酵过程中为酵母菌提供能量，酵母菌分解糖类物质的同时释放出二氧化碳，瓶口的气球_____。

借助酵母菌制作面包

　　你试过自己做面包吗？面团能变成面包可少不了酵母菌的帮忙。面团中含有淀粉、蛋白质、酶、水等多种成分。在面团被放进烤箱之前，我们会反复揉面团，使酵母菌和淀粉、空气充分接触。

　　在发酵的前期，面团中的氧气充足，酵母菌的数量迅速增长，酵母菌将面团中的糖类物质分解成水和二氧化碳。在发酵的后期，面团中的氧气减少，酵母菌将面团中的糖类物质分解成酒精和二氧化碳。二氧化碳使面团迅速膨胀，面团经过烘烤，我们就能吃到松软的面包了。

发现了科学

⑥环境和自然

姚峰　辛向东　蒋韬　主编

邱可曼　绘

北京科学技术出版社

100层童书馆

本套丛书编委会

主编

姚　峰　辛向东　蒋　韬

编写

魏华丽　姚峰　辛向东　蒋　韬　郑博森　袁　欣

殷明月　李潇潇　马雪姣　杜英杰　李　静

审校

李　轩

生志昊

图书在版编目（CIP）数据

发现了科学.环境和自然 / 姚峰,辛向东,蒋韬主编；邱可曼绘.—北京：北京科学技术出版社，2024.3

ISBN 978-7-5714-3232-4

Ⅰ.①发… Ⅱ.①姚… ②辛… ③蒋… ④邱… Ⅲ.①科学知识—少儿读物②环境保护—少儿读物③自然环境—少儿读物 Ⅳ.① Z228.1 ② X-49

中国国家版本馆 CIP 数据核字（2023）第 176719 号

策划编辑：黄　莺　余佳穗
责任编辑：郑宇芳
封面设计：殷晓璐
图文制作：北京旅教文化传播有限公司
责任校对：贾　荣
营销编辑：赵倩倩
责任印制：吕　越
出 版 人：曾庆宇
出版发行：北京科学技术出版社
社　　址：北京西直门南大街 16 号
邮政编码：100035
电　　话：0086-10-66135495（总编室）0086-10-66113227（发行部）
网　　址：www.bkydw.cn
印　　刷：北京博海升彩色印刷有限公司
开　　本：710 mm×1000 mm　1/16
字　　数：27 千字
印　　张：2.75
版　　次：2024 年 3 月第 1 版
印　　次：2024 年 3 月第 1 次印刷
ISBN 978-7-5714-3232-4

定　　价：200.00 元（全 7 册）

欢迎来到神奇的科学教室

你们好，我是斯坦爷爷，是小雪和小科的爷爷。我是一名科学家。

嘿！我是小雪。我喜欢探索奥秘！

嘿！我是布布，是小科的好朋友。我喜欢从不同的角度看问题。

嘿！我是小科。我是一个科学迷。

你们好，我是小科和小雪的爸爸。我是一名航天科研工作者。

你们好，我是小科和小雪的妈妈。我在大学里教生物。

自然教室

目 录

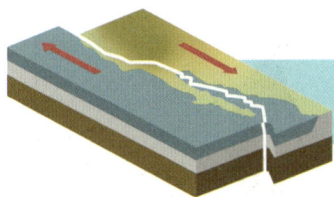

20 世纪 40 年代，墨西哥帕里库廷村的一个农民发现自己玉米田里出现了一个大窟窿。这其实是一个开始喷发的火山口。

从火山口喷涌而出的岩浆不断堆积，最终形成火山。火山变得越来越高，终于在 1952 年停止了喷发。

你们想去的地方都太远了，我和妈妈的假期可没那么长。

就算有水怪，我也不怕！

我们还是去长白山天池吧。长白山天池也是一个火山湖呀！

长白山天池里有水怪吗？

第一章
地球的构造

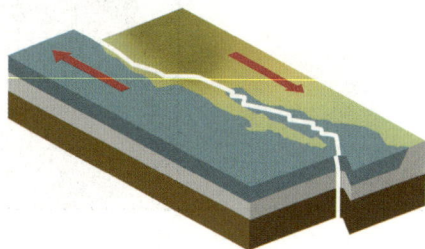

地壳　　地幔

地核

大陆漂移说　外力地质作用

板块构造说　内力地质作用

小科和布布整理好了地理课外作业的幻灯片。他们想先给斯坦爷爷和小雪讲一遍。布布清了清嗓子，开始了他的讲解。

　　"这次课外作业的主要目的是了解我们国家各种各样的地貌。首先给大家展示的是第一站——阳朔。

　　"阳朔位于广西壮族自治区桂林市。有人形容这里'水绕青山山绕水，山浮绿水水浮山'。自古，阳朔就有'桂林山水甲天下，阳朔山水甲桂林'的美誉。

　　"阳朔地貌独特，峰峦和岩丘挺拔突兀，这种地貌的成因是地壳上升后，石灰岩层被地表水和地下水溶蚀。这种地貌还有个响当当的名字，叫喀、喀……"

"喀斯特地貌！"小科抢着回答，"接下来让我来介绍吧。"

"我们的第二站是位于新疆维吾尔自治区的罗布泊地区。这里气候极度干燥，植被稀少。强风带走了大地裂缝中的岩石和泥沙，使得地面上的裂缝越来越深。

"在罗布泊地区，地表呈现出一种流线型的轮廓。这种地貌淋漓尽致地体现了大自然神奇的塑造能力，人们把这种奇特的地貌叫作雅丹地貌。"

雅丹地貌

"哇，大自然可真神奇！这些地貌千奇百怪，我真想亲眼看一看！"小雪不由感叹道。

"我们该去第三站了！"小科说，"现在，我们来到了位于广东省仁化县境内的丹霞山。丹霞山是国家级自然保护区和国家级风景名胜区。景区内有上百座石峰，它们错落有致，形态万千。

"红色的砂岩经长期风化剥离和流水侵蚀，形成孤立的山峰和陡峭的岩壁，这种地貌被称为丹霞地貌。这里是不是很美？"

　　"你们做的幻灯片非常精彩。但是，你们知道这些地貌都是怎么形成的吗？"斯坦爷爷笑着问。

　　"这个……这个我就不知道了。"布布挠挠头。

丹霞地貌

你来想一想

　　一望无际的草原、高耸入云的山峰、荒凉苍茫的西北戈壁……地球上各种各样壮丽秀美的自然景观，都是如何形成的呢？

地球的内部结构

我们怎样才能知道一个物体内部是什么样的？如果它是西瓜，我们可以切开它；如果它是橘子，我们可以把橘子皮剥开。可是，如果这个物体是我们生活的地球，那该怎么办呢？

"切开"肯定是不行的，那"打洞"呢？还真有人尝试过。20 世纪 70 年代，苏联科学家用了 20 多年的时间，在地表挖了深度约 12 km 的科拉超深钻孔。可是，地球平均半径约为 6371 km，12 km 相对于地球半径而言显得微不足道。

但科学家还是通过研究地震波传播速度变化的数据，将地球内部结构由外向内依次分为三层：地壳、地幔和地核。

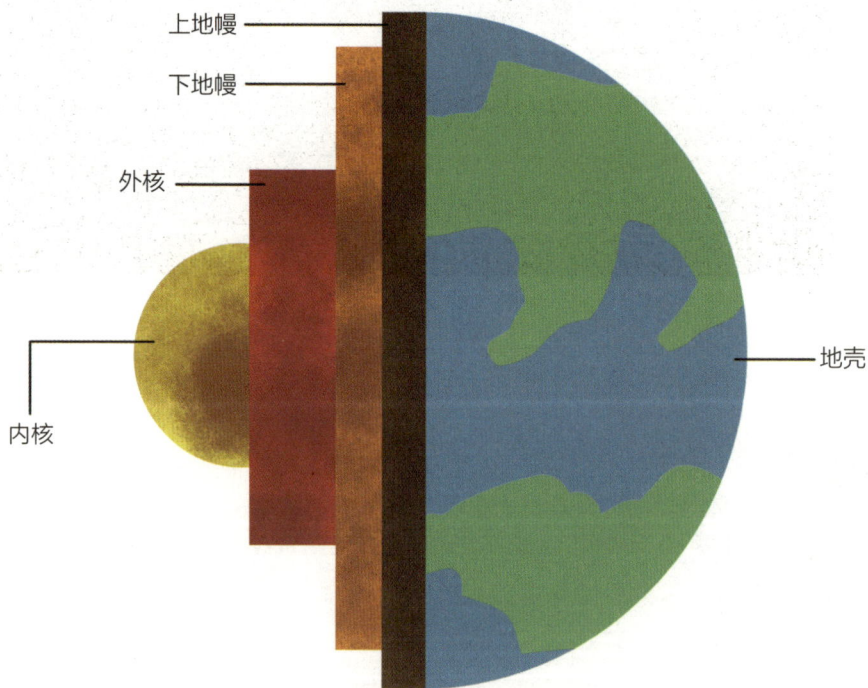

上地幔

下地幔

外核

内核

地壳

地壳

　　地壳是地球最表层的固体外壳，也是我们人类生活的地方。它由岩石组成。地球各处地壳的厚度是不一样的，在陆地上，地壳的平均厚度为 35 km。我国青藏高原地区地壳厚度可达 70 km，是地球上地壳最厚的地方。

地幔

　　地壳的下方是地幔。地幔是地球内部体积最大的部分，它的厚度接近2900 km。地幔分成上地幔和下地幔。

地核

　　地幔的下方是地核。地核由外到内分为外核和内核。科学家推测外核里有可流动的液态物质；内核是地核的核心，科学家推测地核里的物质基本是固态的，主要由以铁、镍为主的重金属元素组成。

莫霍洛维契奇界面和古登堡间断面

　　20 世纪初，有两位科学家在解释地球内部构造这一难题上取得了重大突破。南斯拉夫地震学家莫霍洛维契奇发现，地震波传播到地下30~40 km 处时，其波速发生显著变化。德国地震学家古登堡发现，地震波传播到地下 2900 km 处时，其波速也发生明显的变化。

两位科学家据此推断，地下 30~40 km 处和地下 2900 km 处分别存在不同物质的分界面——莫霍洛维契奇界面（简称"莫霍面"），即地壳与地幔的分界面，以及古登堡间断面（简称"古登堡面"），即地幔与地核的分界面。

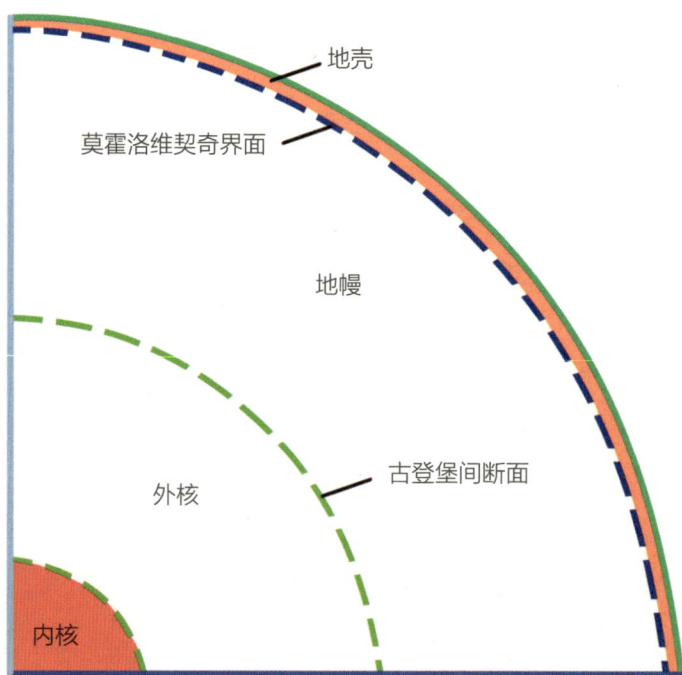

莫霍洛维契奇界面和古登堡间断面

地震波

地震波是地震发生时产生的波动。地震波在不同介质中的传播速度不同，也会在不同介质的交界面上产生折射、反射等现象。根据这些特性，我们可以利用地震波了解地球的内部构造。

大陆漂移说和板块构造说

大家应该都知道，大西洋是世界四大洋之一。有兴趣的话，你可以试着把大西洋两岸陆地的轮廓拼接在一起。你也许会发现，如今远隔大洋，相距万里的陆地，以前有可能是连在一起的！这就是德国地球物理学家魏格纳在1912年提出的"大陆漂移说"。

科学家曾在喜马拉雅山上发现了海洋生物的化石。经过考证，科学家得出结论：20亿年前，"世界屋脊"喜马拉雅山还是一片汪洋大海。后来，在一次剧烈的地壳运动中，印澳板块和欧亚板块在其边缘处发生了挤压，这导致地表逐渐隆起，形成了宏伟的喜马拉雅山。

在大陆漂移说基础上，板块构造说提出，世界共分为六大板块，它们在不断运动。印澳板块和欧亚板块的挤压运动至今都还没有结束，喜马拉雅山的高度还在缓慢上升中，喜马拉雅山的主峰——珠穆朗玛峰也一直在慢慢"长个儿"呢！

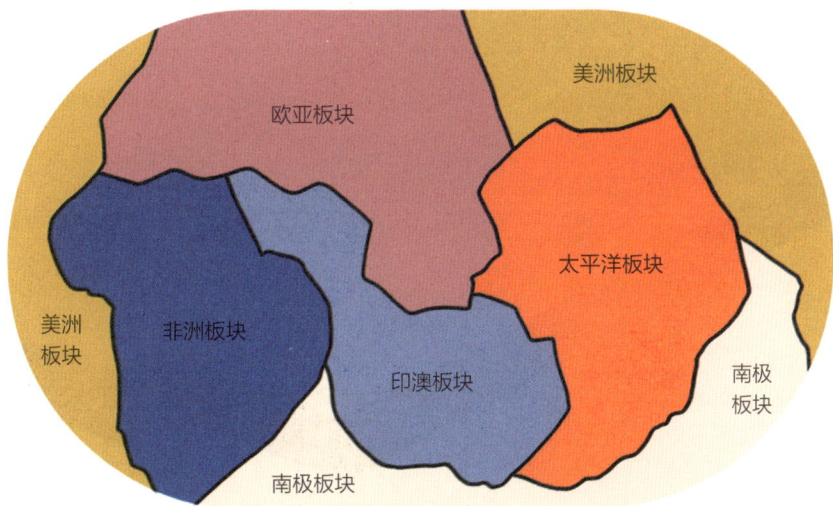

世界板块分布图

11

地壳运动

地壳由不同的板块构成。一些板块受力相对均衡，地壳运动不活跃，在这种情况下，地壳运动不容易被我们察觉；一些板块受力不均衡，地壳运动剧烈，地震、火山喷发、海啸等地质灾害就会发生。这时，在强大的内力地质作用下，地表形态也会发生改变，山脉、海沟等地貌就是这样形成的。

地震

地震是一种危害很大的自然现象。板块与板块之间相互碰撞、挤压，引起地层破裂，进而导致地表震动。地震发生时，地球内部释放大量的能量，这会引发山体滑坡、地面开裂、海啸等多种次生灾害，并摧毁房屋、桥梁、水坝等基础设施。

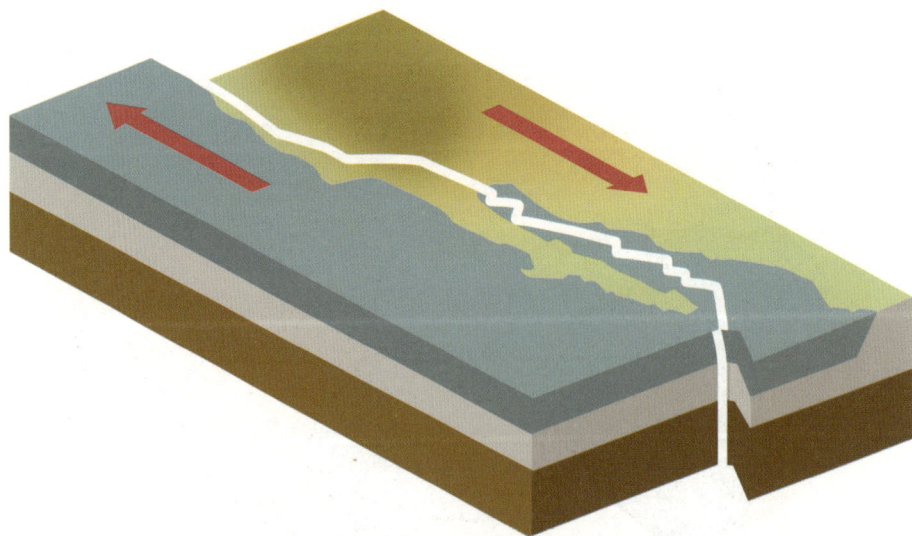

地壳水平运动

通常我们用震级来衡量地震的大小。震级的大小与地震时地球释放的能量大小有关，地球释放的能量越多，震级越高，对地球生态的影响也就越大。

海底地震引发海啸

火山喷发

按火山喷发情况分类，火山分为活火山、死火山和休眠火山。

解释火山喷发要涉及一系列复杂的物理和化学理论。简单来说，板块之间的碰撞形成了局部高温、高压的环境，这使得岩石圈内的岩石熔融成岩浆。岩浆通过板块之间的裂隙向上运动，并积聚在某处。积聚的岩浆越来越多，积聚处的压力不断增大，导致火山爆炸性喷发。

内力地质作用和外力地质作用

地球表面有连绵的山脉、广袤的平原、低矮的盆地和辽阔的海洋，这都是地球释放内部能量塑造的，我们把这种地球内部能量塑造地貌的方式叫作内力地质作用（简称"内力作用"）。既然有内力地质作用，是不是也有外力地质作用（简称"外力作用"）呢？当然！

地球表面起伏不平，呈现出许多种不同的形态，我们把这些各具特色的形态叫作地貌。我们现在看到的地貌，其实都是在内力作用和外力作用的共同作用下形成的。

常见的外力作用的形式有风化作用、剥蚀作用、搬运作用、沉积作用等。下面，我们详细地介绍一下剥蚀作用。

风、流水、海浪等外力都会对地表产生剥蚀作用。

在极度干旱的地区，植被稀少，地表完全裸露。强劲的风力成为塑造荒漠地貌的主要外力。"风蚀蘑菇"——蕈（xùn）岩就是一个典型的例子。露出地表的岩石经长期风蚀，形成奇特的外形。这些岩石有硕大的顶部，而岩石的底部却很纤细，它们形似蘑菇，被称为蕈岩。

流水对于地貌的塑造主要表现为流水逐渐蚀低地表隆起部分。在山区，地壳运动导致部分地表迅速隆起，地表倾斜度变大。河水水流湍急，流水带走了许多泥沙和土壤，随着河底越来越深，两岸岩壁变成了垂直的峭壁，壮观的峡谷就这样形成了。

蕈岩

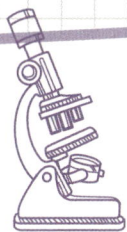

实验 模拟海底火山喷发

实验目的

了解海底火山喷发的原理。

实验材料

自来水、食用油、食用色素、一个透明的玻璃杯、一根搅拌棒、一片泡腾片。

食用油　　自来水　　搅拌棒　　玻璃杯　　食用色素　　泡腾片

实验步骤

1. 将水倒入玻璃杯中，水位大约在玻璃杯 1/3 的位置。

2. 将食用色素加入水中，用搅拌棒搅拌均匀。

3. 在玻璃杯中倒入食用油，直至液面到达玻璃杯 4/5 的位置。

4. 为加快溶解速度，将泡腾片掰成四瓣。

5. 将处理好的泡腾片放入玻璃杯中。

实验小结

1. 加入泡腾片之前，玻璃杯中的水、油分层，液体上层为_____，下层为_____。

2. 加入泡腾片后，在重力作用下，_____与水接触后发生化学反应，玻璃杯中产生了大量二氧化碳气体。

3. 二氧化碳气体上升，将_____带至上层的_____中。当二氧化碳气体从食用油的上方释放到空气中后，_____又再次落回玻璃杯底部。像海底火山喷发一样，红色水花翻腾的现象便出现了。

海底火山喷发

目前，全球共有超过 2 万座海底火山，其中一半都位于太平洋海域。海底火山喷发会严重影响附近海域的生态系统，海底火山喷发产生的气体含有甲烷和硫化物，这些物质溶于水后会造成严重的水污染；海底火山喷发引起的海啸也会给沿海城市带来重创。

不过，海底火山喷发也会带来一些益处。从模拟海底火山喷发的实验中，我们可以看出，红色水珠在食用油中翻腾后会缓缓地落回玻璃杯底。因此，我们推断，海底火山喷发后，岩浆在海底不断堆积，在海水中形成山丘和石柱。连续不断的喷发使这些沉积物越来越多，沉积物最终浮出水面形成火山岛。

然而，不是所有的海底火山喷发都会形成新的岛屿，海底火山喷发后形成的火山岛通常也很"短命"。巨大的海浪会将这些新的岛屿冲垮，只有极少数的火山岛能够留存下来。

第二章
生态系统

生产者　消费者

分解者

食物链　　　食物网

生态失衡

星期六上午，小科和小雪做完作业后，打开电视看纪录片，三个小家伙都看得入迷。可是，过了一会儿，小雪就哭哭啼啼地去找爸爸了。

　　爸爸赶紧问小雪发生了什么事，小雪揉了揉眼睛，噘着嘴巴，说："可爱的兔子被猎豹吃掉了！"

　　小科耸耸肩膀，无奈地说："刚才我已经和她说过了，猎豹吃兔子是天经地义的事！"

　　小雪生气地说："什么天经地义？兔子那么可爱，猎豹为什么要吃兔子？去吃癞蛤蟆不好吗？"

　　爸爸摸了摸小雪的头，说："这是因为猎豹和兔子在同一条食物链上，它们是捕食和被捕食的关系。"

小科听到"食物链"三个字，来了精神，问："食物链是什么？上面有什么好吃的吗？"

"嗯，这个该怎么解释呢……"爸爸陷入了沉思。

"哈哈，还是让我来讲讲吧，"斯坦爷爷高兴地走了过来，"兔子吃草不吃肉，猎豹吃肉不吃草，简单来说，食物链就是'吃与被吃的关系'。"

斯坦爷爷想了一下，接着说："举个例子吧，我们经常听到一句话，'大鱼吃小鱼，小鱼吃虾米，虾米吃淤泥'。这其实反映了自然界的生态法则。"

小科听懂了，点了点头。

斯坦爷爷说："小雪，你觉得兔子是一种非常可爱的动物。可你知道吗，在世界上的一些地方，兔子也会带来灾难！"

小雪显然不能理解，问："可爱的兔子怎么会带来灾难呢？"

斯坦爷爷笑着说："猎豹吃兔子，兔子吃草。如果猎豹不吃兔子，兔子大量繁殖，其数量越来越多，它们就会吃光一个区域内所有的草。那生活在这个区域的其他食草动物要怎么生存下去呢？"

听完斯坦爷爷的讲解，小雪陷入了沉思……

你来想一想

在自然界中，各种生物之间存在着怎样的联系？生态平衡是如何保持的？哪些因素会打破生态平衡呢？

地球上的生态系统

　　生态系统是指由各种生物与其生存环境构成的统一整体。生态系统多种多样，由全部生物有机体以及其生存环境组成的生物圈是地球上最大的生态系统。生物圈中还存在着许多小的生态系统，大到一片森林，小到一块农田，都可以被看成是一个独立的生态系统。

生态系统的分类

自然生态系统

　　没有受到人类的干预和改造，依靠生物和环境本身的调节能力来维持平衡的生态系统。自然生态系统又可分为水域生态系统、湿地生态系统和陆地生态系统。

人工生态系统

　　按人类需求建立起来的、人类活动占主导地位的生态系统，如城市生态系统。

半自然生态系统

　　受到人类活动的干预，但保持了一定自然状态的生态系统，如农田生态系统、果园生态系统。

生态系统中的生产者

　　我们把直接利用自然界中无机化合物制造营养物质以供自己生存的生物叫作生产者。生产者也被称为自养生物。

生产者主要指能进行光合作用的绿色植物和藻类。此外，生产者还可以是能够利用太阳能或化学能，把无机化合物转化为有机化合物的自养微生物。

生产者位于食物链的最底层，是生态系统中最基础的组成部分。生产者进行初级生产，在生态系统的能量流动和物质循环中扮演了非常重要的角色。

大部分植物是生产者

生态系统中的消费者

消费者通常直接或间接地把生产者当作食物，我们也可以将消费者称作异养生物。消费者通常是动物，根据不同的食性，消费者可分为食草动物和食肉动物。

食草动物被称为一级消费者，它们通过食用植物来获取能量。常见的食草动物有马、犀牛、大象等。

食肉动物被称为二级消费者，它们通过猎食食草动物来获取能量。常见的食肉动物有猎豹、狮子、狼等。令人惊讶的是，看似弱小的萤火虫也是食肉动物。

马和犀牛是消费者

生态系统中的分解者

除了生产者和消费者，分解者也是维持生态系统平衡稳定的重要一环。分解者将生态系统中各种无生命的复杂有机化合物分解成水、二氧化碳、铵盐等可以被生产者重新利用的物质。因此，分解者又被称为"还原者"。它分为两类，一类是细菌、真菌等生态系统中具有分解能力的微生物；另一类是像白蚁、秃鹫一样的腐食性动物。

秃鹫是分解者

食物链和食物网

食物链

　　为了维持生命，所有的生物都要摄取能量和营养。为了获取能量和营养，各种各样的生物之间产生了一种天然又紧密的联系，即"吃与被吃的关系"。我们把生物之间像链条一样的摄食关系序列称为食物链。

　　食物链展示的是一条捕食路径，每一个节点代表一个生物种群。在食物链中，能量和营养由被捕食者向捕食者单向传递，在传递过程中，能量和营养会逐级递减，所以，通常很少有食物链包括 6 个以上的生物物种。

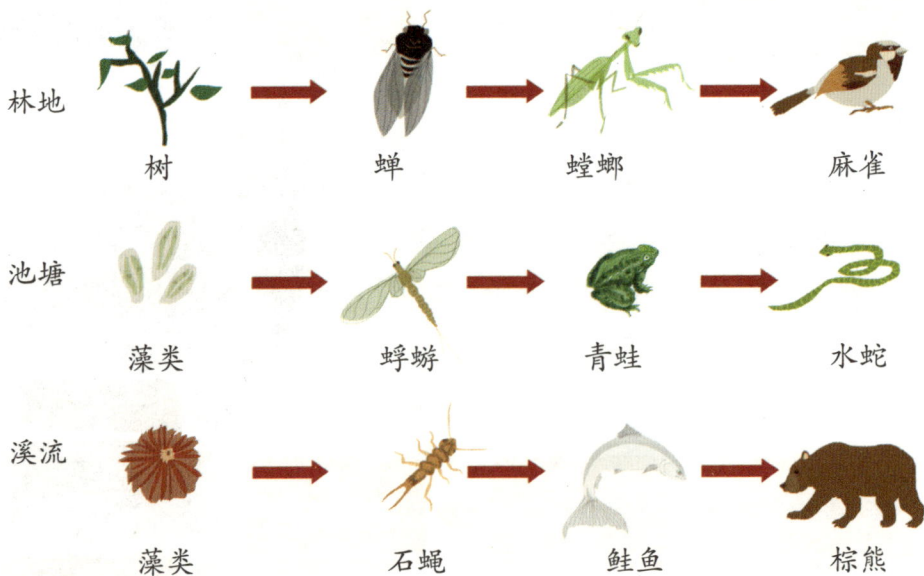

林地	树	蝉	螳螂	麻雀
池塘	藻类	蜉蝣	青蛙	水蛇
溪流	藻类	石蝇	鲑鱼	棕熊

3 条不同的食物链

常见的食物链类型

捕食性食物链

反映生物之间通过捕食建立的摄食关系。

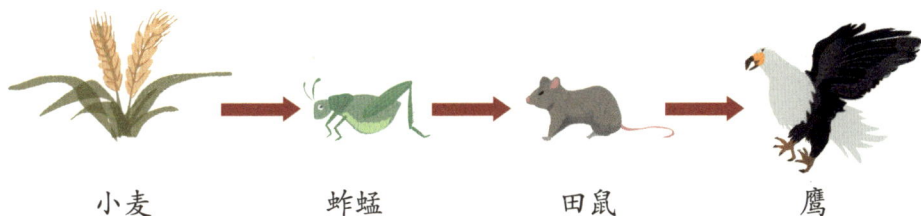

小麦　　　　　蚱蜢　　　　　田鼠　　　　　鹰

寄生性食物链

反映生物之间通过寄生建立的摄食关系，通常体型小的生物寄生在体型大的生物上以获取能量和营养。

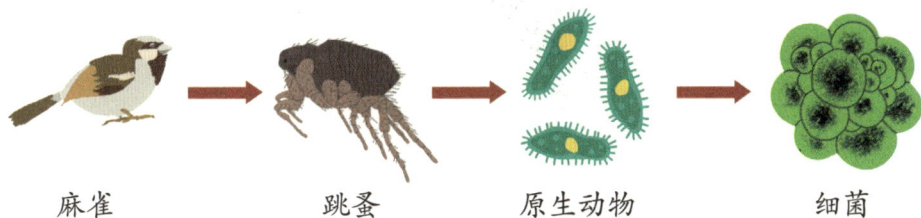

麻雀　　　　　跳蚤　　　　原生动物　　　　细菌

腐食性食物链

腐烂的生物体经微生物分解后，被动物相继利用而构成的食物链。

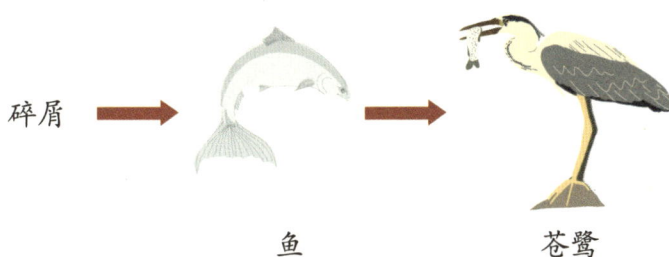

碎屑　　　　　　鱼　　　　　苍鹭

食物网

在生态系统中，生物之间的摄食关系并不像食物链显示的那样简单，同一种植物会被不同的动物吃掉，同一种动物可以既吃植物，又捕食其他动物。这样一来，多条食物链相互交错联结，生物之间形成了更加复杂的网状摄食关系。我们把生态系统中这种生物之间错综复杂的网状摄食关系叫作食物网。

食物网中包含的食物链越多，其所处的生态系统就越稳定，抵抗外力影响的能力也越强。当生态系统中的某一种生物消失时，结构简单的食物网会面临失衡的危险，而结构复杂的食物网则不会受到太大的影响。

食物网

实验 制作生态鱼缸

实验目的

了解不同生物在生态系统中的作用。

实验材料

大水桶、小石子、水草、金鱼、虾、田螺、池塘水、镊子、水杯、剪刀、小捞网。

小石子

大水桶

水杯

剪刀

小捞网

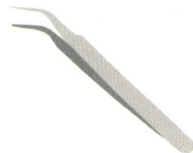
镊子

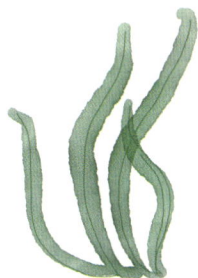
水草

金鱼

田螺

虾

实验步骤

1. 用剪刀把大水桶上面的部分剪掉。

2. 小石子用水清洗干净，再均匀地铺在大水桶底部。

3. 向大水桶中倒入池塘水，使水面到达大水桶 4/5 处。

4. 用镊子将水草的根部埋在小石子中。

5. 用小捞网小心地将金鱼、虾、田螺放入大水桶中，一个生态鱼缸就做好了。

6. 将做好的生态鱼缸放在阳光充足的地方，定期观察。

注意：取池塘水时，需请爸爸妈妈帮忙。

实验小结

大水桶做成的鱼缸构成了一个小型的生态系统，这个生态系统中有生产者，也有消费者。

鱼缸中的水草是（生产者 / 消费者），它依靠_____、_____和其他营养成分生长，并在过程中释放出_____；小鱼和小虾是（生产者 / 消费者），它们依靠鱼缸中的水草生存。

生态失衡

　　生态系统具有一定的维持自身平衡的调节能力。比如，狐狸捕食兔子，当食物链中兔子的数量减少时，狐狸的数量也会因食物不足而减少，最终，食物链上各级生物的数量都会相应地发生改变，直至整个食物链都趋于稳定。

　　但是，生态系统自身的调节能力并不是无限的，当外力因素的影响超出了生态系统自身的调节能力时，生态失衡就会发生。

　　如今，人类活动已经成为生态失衡最大的外力因素。人类对自然资源过度开发，盲目追求经济增长而忽略环境保护，这些行为给生态系统带来了许多灾难性的危害。

第三章
自然资源
与环境保护

动物资源

植物资源

水资源

矿产资源

微生物资源

一个冬天的早晨，小科和小雪刚一起床就觉得嗓子干痒。两个小家伙穿好衣服，打开卧室的窗户，却闻到空气中有一股煤烟味！他们一下子被呛到了，开始拼命地咳嗽。

　　妈妈听到孩子们的咳嗽声，赶紧跑了过来。"今天是雾霾天，快把窗户关上，我把空气净化器打开。"妈妈一边说一边关上了窗户。

　　"雾霾？"小科和小雪不明白妈妈在说什么。

　　"雾霾是一种灾害性天气现象。当工业排放产生的大量细颗粒物含量超出大气循环的调节范围时，细颗粒物会持续聚集，导致空气污染物浓度上升。雾霾中的细颗粒物的体积非常小，可以通过呼吸系统进入肺部。"妈妈一边解释一边打开了家里的空气净化器。

小科问："可是，空气里为什么有这么多细颗粒物呢？"

"雾霾的形成既有气候因素，也有人为因素，"斯坦爷爷走了过来，解释道，"细颗粒物主要来自汽车尾气、工业生产排放的废气、建筑装修和道路交通产生的扬尘等。"

"原来这是因为我们人类活动而导致的污染。"小科的心情突然有些低落。

小雪想起不久前看到的新闻，她忧心忡忡地问斯坦爷爷："如果人们将核电站的污染水直接排放到海洋中，是不是会产生严重的海水污染？"

"你的担心是有道理的，"斯坦爷爷摸了摸小雪的头，"虽然海洋看起来浩瀚无边，核污水的体积与海水的体积比起来不值一提。但是，一旦核污水直接排放到海洋中，放射性物质就会在洋流的作用下扩散到各个海域，污染海洋。"

斯坦爷爷继续说："核能是人类科技发展的产物，也是我们不可或缺的能源之一。我们在享受核能带来的诸多便利时，也不能忽视核废料带来的

污染问题。保护地球的资源和环境，我们每个人责无旁贷。"

小雪听完，若有所思地点了点头，说："我们要如何节约地球资源、保护地球环境呢？"

"我们就从垃圾分类开始做起吧！装饮料的塑料瓶可不要乱扔了。"斯坦爷爷严肃地说。

可回收物　　厨余垃圾　　其他垃圾　　有害垃圾

保护地球环境，从垃圾分类做起

你来想一想

我们还有哪些保护地球环境，节约地球资源的方法？

自然资源

    自然资源是指自然界中一切我们可以直接获取的、能够用于我们生产和生活的物质资源。我们将自然资源划分为可再生资源和不可再生资源。

    可再生资源指可以被我们循环利用的自然资源。可再生资源在被合理开发利用之后，依靠生态系统自身的调节功能，能在较短的时间内恢复。植物资源、动物资源、水资源等都是常见的可再生资源。

不可再生资源指那些无法被我们循环利用的自然资源。不可再生资源一般要经过漫长的时间才能形成，包括化石燃料和金属矿物在内的矿产资源是不可再生资源。

动物资源

动物资源包括陆地、湖泊和海洋的各种动物，可细分为驯化动物资源和野生动物资源。在我们的生活中，动物资源有着非常广泛的用途，人类饮食中的肉类就是由动物提供的；动物的皮毛还可以用来制作衣物、饰品；一些外形漂亮的动物还能用来观赏。

植物资源

植物资源主要有食用植物资源、饲用植物资源、药用植物资源、观赏用植物资源等。不同的植物有不同的用途：我们可以把一些植物用作食物，可以把一些植物用作家畜的饲料，可以把一些植物用作药品的原料，还可以把一些植物用作房屋的建筑材料。

微生物资源

微生物资源包括细菌资源、真菌资源等。微生物是地球上进化历史最长的、体量最大的生命形式之一。同时，微生物也是实现物质循环的重要种群。近年来，随着科学家对微生物的认知不断加深，微生物在基因编辑、生物合成以及细胞工程等多种新兴技术领域都有巨大的利用空间。

水资源

水在自然界中以气态、液态、固态三种状态存在。水资源是自然资源中重要的组成部分，它可流动，可循环，在开采利用后，能够通过大气降水等形式得到补给。

水资源看似取之不尽，但实际上，并非所有的水资源都能被我们直接利用。地球表面约七成的面积被水覆盖，但淡水资源仅占水资源很少的一部分。大量的淡水资源贮藏在南极洲和格陵兰岛的冰层中，还有很多淡水资源无法被直接利用。

水资源的利用范围很广，如农业灌溉、水能发电、航运、养殖、城市建设等。我们利用水资源的历史也很悠久，人类早期文明大多诞生在水资源丰富的地区，如诞生于尼罗河流域的古埃及文明，诞生于两河流域的古巴比伦文明，诞生于恒河、印度河流域的古印度文明，以及诞生于黄河、长江流域的中国古代文明。

古埃及木乃伊的面具

矿产资源

我们可以把矿产资源分为金属矿产、非金属矿产和能源矿产三大类。常见的金、银、铜、铁是金属矿产；宝石是非金属矿产；煤炭、石油则是能源矿产。

矿产资源是经过亿万年的地质变化而形成的。以能源矿产中的煤炭为例，几亿年前，生态系统中缺少分解者，死去的植物不会轻易腐烂，植物遗体在剧烈的地质变化中被深深地掩埋了起来。经过漫长的时间，在一定的温度和压力下，这些地层深处的植物遗体经过特定的物理作用和化学作用，就变成了现在我们经常使用的煤炭。

正是因为矿产资源的形成过程十分漫长，它在地球上的储量极其有限。现代社会，人们的生产和生活都离不开矿产资源，考虑到其不可再生性，我们不能过量开采矿产资源，在利用资源的同时，也要保护环境。

煤炭

煤炭形成的过程

实验 自制再生纸

实验目的

学会制作再生纸，了解可再生资源。

实验材料

旧报纸、淀粉、水杯、擀面杖、两块棉布。

棉布

水杯

淀粉

旧报纸

擀面杖

实验步骤

1. 将旧报纸撕碎，撕得越碎越好。

2. 将碎报纸放进盛有少量清水的水杯中，再添加两三勺淀粉。

3. 用筷子搅拌碎报纸，直至杯中形成糊状的纸浆，静置一段时间。

4.将水杯中上层的清液倒掉，将糊状纸浆倒在棉布上铺匀。

5.把另一块棉布平整地盖在纸浆上，用擀面杖在棉布上滚动，使棉布充分吸走纸浆中的水分。

6.把粘连在一起的两块棉布放在阳光下晒干，晒干后小心地揭开棉布，再生纸就做好了。

实验小结

再生纸是一种以废纸为原料，经过分选、净化、打浆、抄造等十几道工序生产出来的纸张。它可以作为办公用纸、学习用纸和生活用纸。在日益提倡环保的今天，使用再生纸是一个深得人心的举措。

蔡侯纸

造纸术是中国古代四大发明之一。据考古研究发现，早期的纸是由植物纤维制成的，但这种纸过于粗糙，表面凹凸不平，不便于书写，所以它没有被广泛使用。

东汉时期，蔡伦总结了前人制造纸张的技术和经验，经过长期摸索，多次试验，改进了造纸术。他使用树皮、麻头、旧渔网为造纸原料，制造出了质量更好的麻纸。

造纸工匠将造纸原料剪碎、切断、捣烂后混合在一起，再把原料放入水中充分浸泡，最后将浸泡过的原料煮烂，这样就有了纸浆。纸浆冷却后，工匠使用平板式的竹帘捞取水中的纤维物质，竹帘上形成薄厚适中、分布均匀的薄膜。薄膜晾晒、干燥后就成了书写用纸。

后来，蔡伦带领工匠不断试验，终于制造出了轻薄柔韧、价格低廉的纸张。因为蔡伦被封为龙亭侯，所以，人们就把这种纸称为"蔡侯纸"。

发现了科学

⑦宇宙和太阳系

姚峰　辛向东　蒋韬　主编

邱可曼　绘

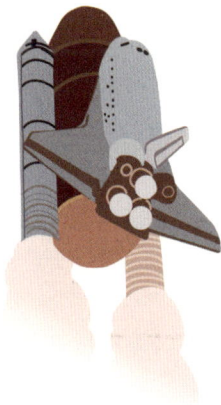

北京科学技术出版社
100 层 童 书 馆

本套丛书编委会

主编

姚　峰　辛向东　蒋　韬

编写

魏华丽　姚峰　辛向东　蒋　韬　郑博森　袁　欣

殷明月　李潇潇　马雪姣　杜英杰　李　静

审校

李　轩

生志昊

图书在版编目（CIP）数据

发现了科学. 宇宙和太阳系 / 姚峰, 辛向东, 蒋韬主编；邱可曼绘. —北京：北京科学技术出版社，2024.3

ISBN 978-7-5714-3232-4

Ⅰ. ①发… Ⅱ. ①姚… ②辛… ③蒋… ④邱… Ⅲ. ①科学知识－少儿读物②宇宙－少儿读物③太阳系－少儿读物　Ⅳ. ① Z228.1 ② P159-49 ③ P18-49

中国国家版本馆 CIP 数据核字（2023）第 176718 号

策划编辑：	黄　莺　余佳穗
责任编辑：	郑宇芳
封面设计：	殷晓璐
图文制作：	北京旅教文化传播有限公司
责任校对：	贾　荣
营销编辑：	赵倩倩
责任印制：	吕　越
出 版 人：	曾庆宇
出版发行：	北京科学技术出版社
社　　址：	北京西直门南大街 16 号
邮政编码：	100035
电　　话：	0086-10-66135495（总编室）0086-10-66113227（发行部）
网　　址：	www.bkydw.cn
印　　刷：	北京博海升彩色印刷有限公司
开　　本：	710 mm×1000 mm　1/16
字　　数：	30 千字
印　　张：	3
版　　次：	2024 年 3 月第 1 版
印　　次：	2024 年 3 月第 1 次印刷

ISBN 978-7-5714-3232-4

定　　价： 200.00 元（全 7 册）

欢迎来到神奇的科学教室

你们好，我是**斯坦爷爷**，是小雪和小科的爷爷。我是一名科学家。

嘿！我是小雪。我喜欢探索奥秘！

嘿！我是**布布**，是小科的好朋友。我喜欢从不同的角度看问题。

嘿！我是小科。我是一个科学迷。

你们好，我是小科和小雪的**爸爸**。我是一名航天科研工作者。

你们好，我是小科和小雪的**妈妈**。我在大学里教生物。

天文教室

目 录

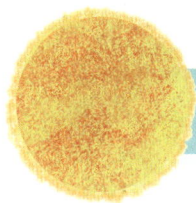

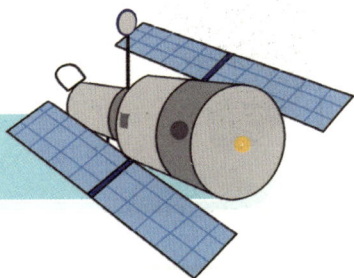

小科、布布、小雪一起看科幻大片《流浪地球》。

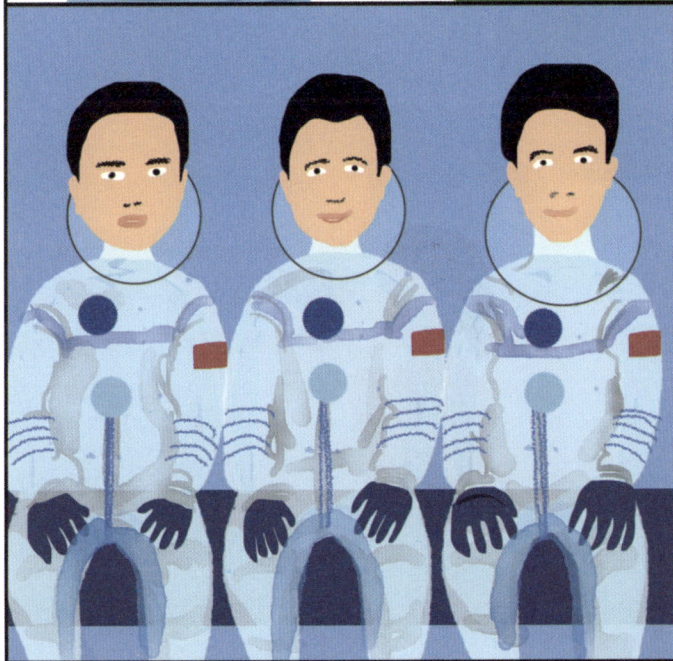

第一章
宇宙的起源

宇宙膨胀

哈勃定律

多普勒效应　　宇宙微波背景辐射

暗能量　　暗物质

　　爸爸的书房里有一台天文望远镜，小科、小雪和布布经常用它观察星空。

　　一天夜里，小科、小雪和布布正透过望远镜在夜空中寻找着什么。斯坦爷爷走过来，问："孩子们，你们在看什么？"

　　"新的星星！"三个孩子异口同声地说。

　　"如果找到一颗还没被人发现的星星，我们就能拥有一颗可以自己命名的星星了。"小科兴奋地说。

　　"宇宙那么大，一定有很多没被人发现的星星！"布布信心十足。

　　斯坦爷爷继续问："你们知道宇宙到底是什么吗？"

　　孩子们讨论了半天也没讨论明白，只好齐刷刷地摇头。

斯坦爷爷笑着解释说："宇宙的'宇'指无限空间，'宙'指无限时间。宇宙是无限空间和无限时间的总称。"

孩子们若有所思地点点头。

这时，小雪问："爷爷，宇宙有多大呢？"

"好问题！"斯坦爷爷夸赞道，"宇宙包括无限空间和无限时间，这说的就是宇宙的大小，它不仅涉及空间的大小，还涉及时间的长度。宇宙到底有多大，这是一个让古今中外的科学家都很好奇的问题。即使到了现代，天文观测设备已经很先进，宇宙到底有多大这个问题仍未解决。科学

家对这个问题争论不休。

"宇宙每时每刻都在发生着变化，我们无法计算出宇宙扩大的速度，也无法确定宇宙扩大的方向，所以，我们很难准确测算出宇宙的大小。"

你来想一想

你知道宇宙是怎样诞生的吗？

宇宙大爆炸

关于宇宙起源，科学家提出了很多理论。到现在为止，影响力最大的一种理论是大爆炸宇宙模型，它认为宇宙的诞生源自一场大爆炸。

大约 138 亿年前，有一个孤独的"点"，人们把它称为"奇点"。它的体积无穷小，温度无穷高，能量无穷大，像一颗威力巨大的种子。不知道为什么，奇点不停地膨胀，它里面的能量突然喷涌而出，于是发生了爆炸。从大爆炸开始，整个宇宙都在不间断地、均匀地膨胀、变大。

随着大爆炸宇宙模型的提出，科学家不断地获得支持这种理论的观测数据。一开始，科学家不认同大爆炸宇宙模型，直到天文学家哈勃根据观测到的数据，提出哈勃定律，证明了宇宙正在膨胀，大爆炸宇宙模型才得到大部分科学家的认同。

哈勃定律

哈勃是美国天文学家，安装在人造地球卫星上的哈勃空间望远镜就是以他的名字命名的。

哈勃发现了河外星系（除银河系以外所有星系的统称）的视向速度和星系距离之间的线性关系，这就是哈勃定律。根据哈勃定律，河外星系的视向速度和星系距离成正比，也就是说，星系距离越远，它的视向速度越大。

多普勒效应

1942 年，奥地利物理学家、数学家多普勒指出，波源和观测者做相对运动时，波源发出的波的频率与观测者接收到的波的频率不同，波源向着观测者移动的时候，观测者收到的波的波长变短、频率变高；相反地，波源向着远离观测者方向移动的时候，观测者收到的波的波长变长、频率变低。这就是我们所说的多普勒效应。多普勒效应为宇宙膨胀的观点提供了有力支撑，进一步印证了大爆炸宇宙模型。

"波源朝着观测者运动就好像鸣笛的消防车开向我们，我们听到的声音会越来越尖锐；波源背着观测者运动就好像鸣笛的消防车和我们擦身而过，越开越远，我们听到的声音就越来越小。"小科说。

"这样一说，就很容易明白了。"小雪和布布点了点头。

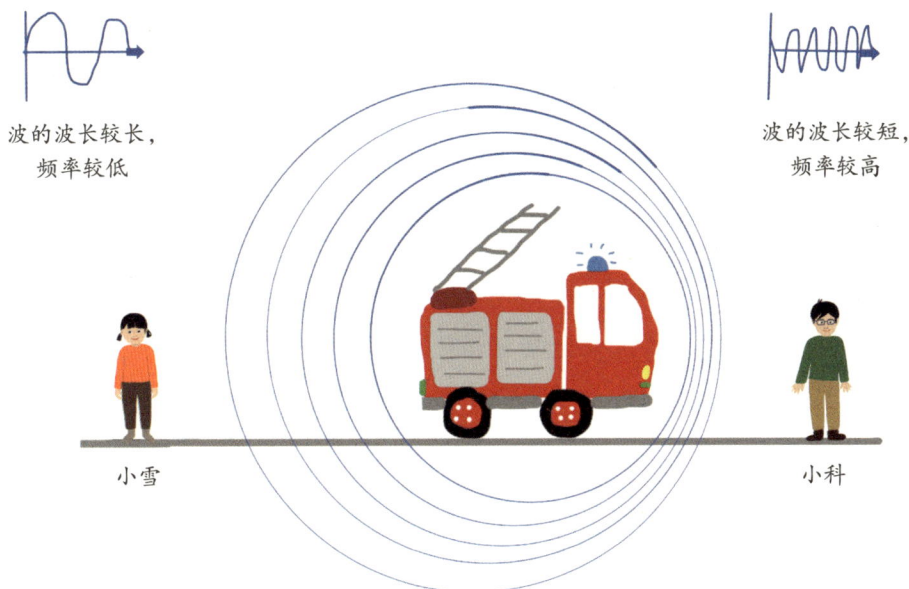

波的波长较长，频率较低

波的波长较短，频率较高

小雪

小科

消防车离小雪越来越远，离小科越来越近

多普勒红移和多普勒蓝移

　　根据多普勒效应，在波源是天体，观测者是地球的情况下，地球接收到的来自天体的波的频率不同。谱线在光谱上朝波长较长、频率较低的红色端移动的现象被称为多普勒红移，它表示天体在远离地球；相反地，谱线在光谱上朝波长较短、频率较高的蓝色端移动的现象被称为多普勒蓝移，它表示天体在接近地球。

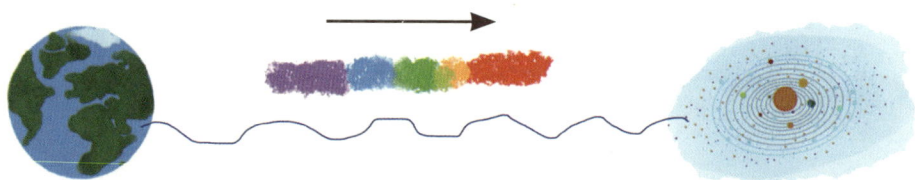

天体背离地球运动，谱线朝光谱的红色端移动

天体朝着地球运动，谱线朝光谱的蓝色端移动

暗能量

暗能量是在宇宙中均匀分布并产生排斥作用的、驱动宇宙加速膨胀的能量。我们不能直接观测到暗能量，但可以根据观测数据推测其存在。

暗物质

暗物质是无法直接观测的、只能通过观测数据间接推测出其存在的物质。暗物质的质量非常巨大，其质量远大于宇宙中可见的发光天体的质量总和。

宇宙微波背景辐射

宇宙微波背景辐射在 1965 年由美国天文学家彭齐亚斯和威尔逊共同发现。它是宇宙大爆炸时遗留下来的电磁波辐射，充斥在整个宇宙中。很久以前的宇宙是什么样的？恒星和星系是怎样形成的？通过观察和分析宇宙微波背景辐射的变化就可以解答这些问题。

实验 膨胀的宇宙

实验目的

模拟宇宙膨胀的过程。

实验材料

两个气球、水彩笔若干。

气球

水彩笔

实验步骤

1. 分别在两个相同气球上的相同位置，用水彩笔画出大小相同的点，这些点代表宇宙中的恒星和星系。

2. 吹气球，让两个气球的大小不同，并扎紧气球口。

3. 观察气球上点与点之间距离的差异。

实验小结

气球吹得越大，气球上代表恒星和星系的点之间的距离_____。

这个实验简单模拟了宇宙膨胀的过程。在真正的宇宙膨胀过程中，星系之间的距离会随着宇宙膨胀而增大。

噪声里的诺贝尔奖

1965 年，两位年轻的射电天文学家彭齐亚斯和威尔逊正在实验室里检测一台微波探测器，这台探测器是用来和人造卫星进行通信的，它的灵敏度非常高。

正当他们把探测器的天线对准天空的时候，一种奇怪的嗡嗡声引起了二人的注意。经过检查，他们发现探测器巨大的、像喇叭一样的天线上竟然铺着一层灰白色的鸽粪，天线里面还住进了两只鸽子。

因为鸽粪会影响探测器接收微波，于是他们赶走了鸽子，清理了鸽粪。但是，嗡嗡的干扰声并没有随之消失。

彭齐亚斯在一次讲座中提到了他们的这一发现。正在研究宇宙大爆炸残存电磁波辐射的天体物理学家关注到了这一发现，他们进一步研究，确认了彭齐亚斯二人的发现正是宇宙微波背景辐射。

1978 年，彭齐亚斯和威尔逊因发现宇宙微波背景辐射而获得了诺贝尔物理学奖。

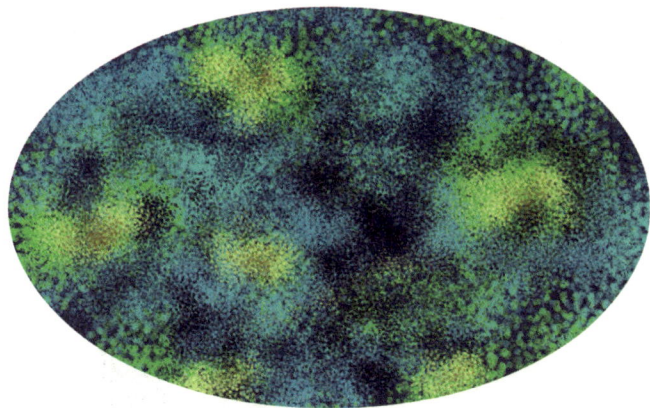

宇宙微波背景辐射

宇宙模型

人类对浩瀚无垠的宇宙如何诞生、演化有无数猜想，提出了各种各样的宇宙模型。除了影响力最广的大爆炸宇宙模型外，稳恒态宇宙模型也是宇宙模型中较有影响力的一种。

稳恒态宇宙模型认为宇宙从一开始就存在，其结构稳定，不会随时间推移而发生变化。但随着后续越来越多的天文测算结果和这一理论矛盾，这种宇宙模型被否定了。

当然，大爆炸宇宙模型目前也没有被完美地证实。哈勃定律、多普勒效应等支持大爆炸宇宙模型，但奇点来源等问题还没有找到强有力的证据。

"对于整个宇宙来说，地球就像一粒看不见的灰尘。"斯坦爷爷感慨道。

"我们不仅想要了解地球，也很想了解宇宙的未解之谜。"布布认同地点了点头。

第二章
太阳系

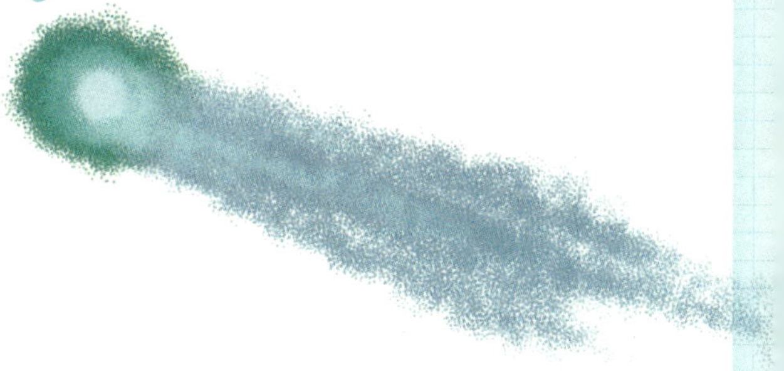

太阳

太阳系八大行星

小行星

彗星

矮行星

卫星

呼啦啦，呼啦啦……小雪一边听着哥哥们和斯坦爷爷讨论宇宙的诞生，一边转动桌上的地球仪。地球仪正围绕固定它的中心轴转着。"斯坦爷爷，宇宙一直向外膨胀，那膨胀的中心点在哪儿呢？"小雪盯着地球仪，突然想到这个问题。

小雪继续说："把彩笔放到水中，颜料会以笔尖为中心点散开……宇宙的膨胀会不会也围绕一个中心点进行呢？"

"这个中心点肯定是地球了。地球不是被星星包围着的吗？"还没等斯坦爷爷开口，布布就抢先回答了小雪的问题。

"不对吧，地球围绕着太阳做公转运动，"小科说，"要说宇宙的中心，那肯定是太阳了。"小科对自己的答案很有信心。

"关于宇宙中心在哪儿这个问题，人们有过很多猜想。其中就包括地心说和日心说这两种。"斯坦爷爷回答道。

地心说最早是由古希腊学者欧多克斯和哲学家亚里士多德提出的，后来又由天文学家托勒密将其推广开来。地心说认为宇宙是一个大球，地球就在这个大球的中心。地球是静止不动的，太阳、月亮、行星都以地球为中心，围绕着它运行。

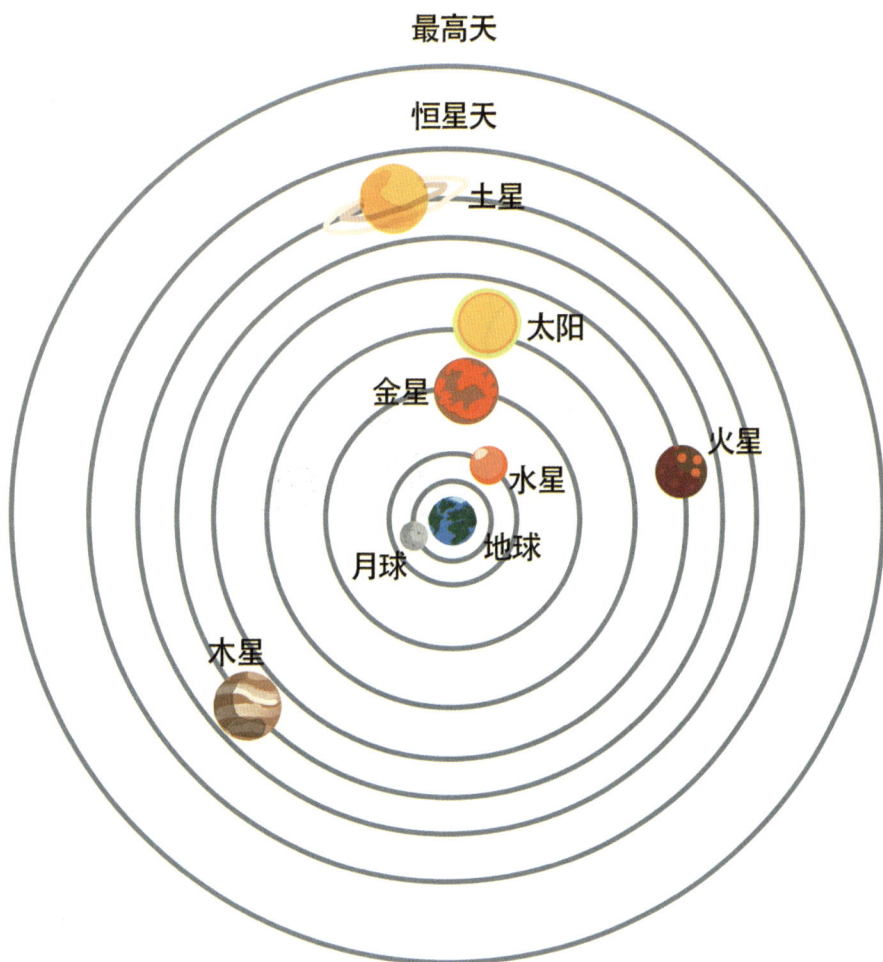

最高天

恒星天

土星

太阳

金星

火星

水星

月球　地球

木星

地心说的宇宙体系

随着天文观测技术不断提高，人们逐渐发现地心说存在很多问题。16世纪，一位叫哥白尼的天文学家，通过不断分析和计算天文观测数据，提出了日心说。他认为太阳才是宇宙的中心，地球只是一颗围绕着太阳做公转运动的行星。

在今天看来，哥白尼的日心说并不正确，因为太阳只是太阳系的中心，而不是宇宙的中心，但他的这个学说改变了人类对宇宙的认知。

地球是宇宙的中心！

宇宙的中心是太阳！

托勒密　　　　　哥白尼

你来想一想

地心说、日心说这两种观点分别有哪些正确和错误之处呢？

太阳系

地心说认为宇宙中心是地球，日心说则认为宇宙中心是太阳，但其实地球和太阳这两个天体都只是身处宇宙边缘的太阳系中的成员。

太阳系中有包括地球在内的八大行星，还有数量庞大的卫星、小行星、矮行星和彗星等。太阳系中唯一的恒星是太阳。

地球　　　金星　　　木星　　　天王星　　　海王星

水星　　　火星　　　土星

太阳系八大行星

恒星

恒星是自身可以发光、发热的巨大天体，靠其内部的核聚变产生能量。恒星主要由氢、氦等元素构成。

太阳

太阳的内部结构从内到外分为核反应区、辐射区、对流层和大气层，其中，大气层结构从内到外还分为光球、色球和日冕。我们在地球上看到的阳光，基本上都来自光球。

太阳系的绝大部分质量来自太阳。在太阳系里，大到行星，小到流星体，都以太阳为中心，沿着特定轨道做循环运动。

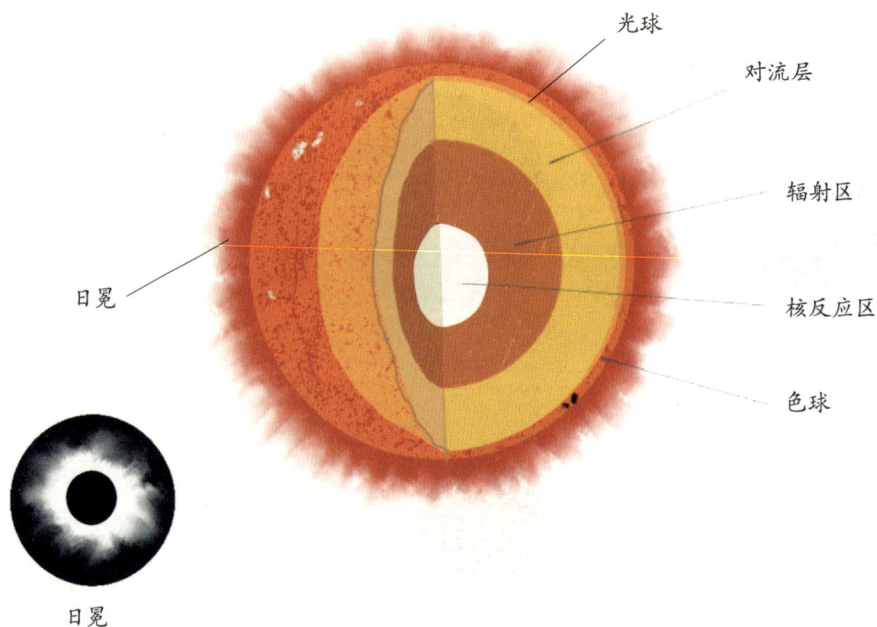

光球
对流层
辐射区
核反应区
色球
日冕

日冕

太阳小知识

太阳的体积是地球的 130 万倍，其质量是地球的 33 万倍。

行星

怎样才算是一颗合格的行星？国际天文学联合会给出了一系列标准：

一、它有绕着恒星做公转运动的轨道。

二、它有足够的质量，内部微粒紧凑，位置相对稳定，能够保持近似球形的形状。

三、它在自身的轨道里是最大的天体，能清除轨道附近的小天体。

目前，已观测到的太阳系八大行星按照距离太阳的远近程度来排序，从近到远依次是水星、金星、地球、火星、木星、土星、天王星、海王星。

水星、金星、火星的物理性质和天体特征和地球相似，它们被称为类地行星。土星、天王星、海王星的物理性质和天体特征和木星相似，它们被称为类木行星。

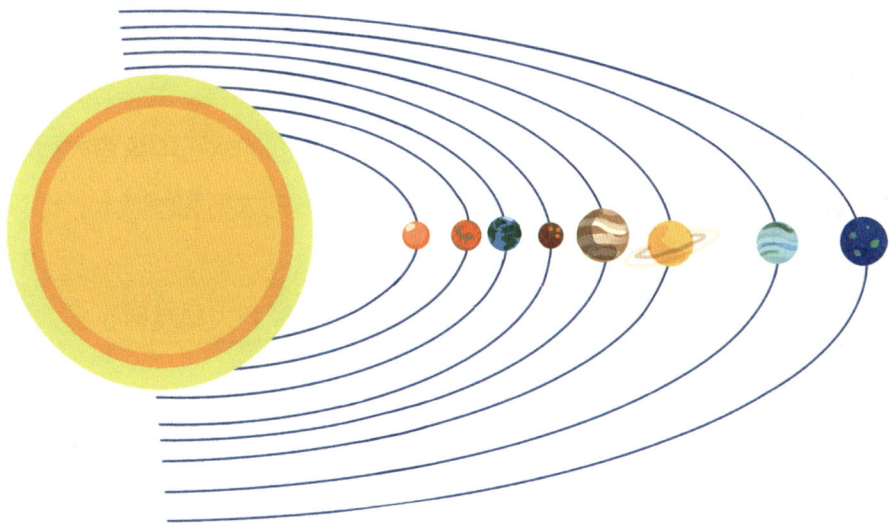

水星

水星是太阳系八大行星中距离太阳最近的行星，其表面有很多环形山。水星的体积比其他七个行星小。

因为大气稀薄，水星表面的昼夜温差很大。被太阳照射时，其表面温度可以达到 440 ℃；在夜间，其表面温度能下降至 −160 ℃。

金星

金星的表面被浓厚的二氧化碳构成的大气覆盖。金星表面覆盖的厚云层阻挡了热量的散发，其表面温度可达 480 ℃。

金星云层中密布硫酸液滴。因此，在金星上，下雨是非常可怕的事。金星上还有数量惊人的火山和峡谷。

地球

地球温度适宜，有充足的水分，是目前宇宙中人类已知唯一存在生命的天体。地球围绕太阳公转一周是一地球年，大约需要 365 天的时间。地球有一颗卫星——月球。

火星

火星是一颗红色的行星，这是因为构成火星表面的岩石中含有大量赤铁矿。火星的质量只有地球的 11％。火星上有稀薄的大气和固态水，也有季节变化和沙尘暴。

火星有两颗卫星——火卫一和火卫二。人类已经向火星发射了多个探测器以寻找生命迹象。

木星

　　木星是太阳系里体积最大的行星，其质量是地球的 318 倍。木星的卫星之一的木卫三是太阳系中目前已知的最大的卫星。木星的主要构成元素是氢和氦。它表面的橙白条纹是大气中的云带，像眼睛一样的大红斑是风暴气旋。

土星

　　土星是体积仅次于木星的第二大行星，它有一个非常明显的光环。土星主要由氢构成，其表面的纹路是由云带构成的。土星最大的卫星是土卫六，其体积超过水星。

天王星

　　天王星呈蓝绿色，这主要是因为天王星的大气中包含甲烷。天王星的表面温度很低，约为 −180 ℃。它的自转轴和公转的轨道几乎平行，可以说它是"躺"在轨道上运行的行星。

海王星

　　海王星是太阳系八大行星中离太阳最远的行星。海王星的大气主要是由氢、氦构成，其表面呈蓝色是因为大气里有微量的甲烷。

小行星

　　小行星是体积和质量比行星小很多的天体，它沿椭圆形轨道绕恒星公转。

　　太阳系中的小行星共有数百万颗，其中大部分已经被编号的小行星集中在火星和木星之间的区域，其余的分散在太阳系中。

小行星带

在火星与木星之间，小行星聚集成小行星带。这个区域也被称为"主带"。

矮行星

矮行星的体积在行星和小行星之间，绕恒星做公转运动。它自身的质量足够大，呈近似圆球的形状，但由于自身的引力不足，它不能清空所在轨道上的其他天体。

我是冥王星，我曾经被列为太阳系行星之一，后来被"开除"了，成了一颗矮行星，这只因我不够有吸引力。

我们陪你。

彗星

在绚丽的天穹，有时可以看到拖着长尾巴，像扫帚一样的星星，这就是彗星。离太阳较远时，它看起来只是个云雾状的小斑点；接近太阳时，受太阳光压的影响，它本身的尘埃物质会升华成气体，气体被推向背离太阳的后方，就形成了彗尾。

彗星

卫星

卫星是围绕行星沿轨道运动的天体。太阳系八大行星中，除水星和金星外，其余的行星都有自己的卫星。人类最早认识的卫星是月球。

月球

月球是围绕地球运动的卫星。月球绕地球运动一周大约需要27天。因为月球的引力不够，月球表面基本上没有大气。经过无数陨石的撞击，月球表面被撞出无数大大小小的坑，这些坑叫月坑。

我们经常说起的月光，并不是月球自身发出的，是它反射太阳光而产生的。

实验 行星的公转

实验目的

了解行星在太阳系中的位置，及其对行星公转周期的影响。

准备材料

椅子、无痕胶带、计时器、便笺纸。

椅子	无痕胶带	计时器	便笺纸

实验步骤

1.在椅子上贴上写有"太阳"的标签，选择一个宽敞的、安全的地方，把椅子放在场地中心。

2.围绕着椅子，用胶带在地面上贴出8条椭圆形轨道，轨道之间保持一定的距离。

3.在便签纸上写上太阳系八大行星的名称，并贴在对应轨道的起点处。

4.围绕代表太阳的椅子，以同样的速度，分别沿着8条轨道各走一圈。用秒表记录走完每圈分别用时多少，对比用时长短。

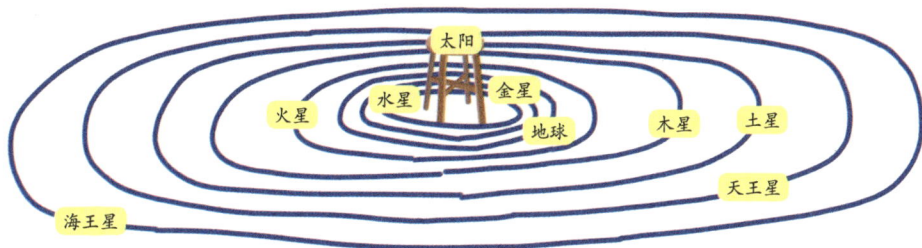

5. 把你在实验中得到的数据记录下来吧。

行星名字	水星	金星	地球	火星	木星	土星	天王星	海王星
时间								

实验小结

八大行星中，_____公转一圈用时最短，_____公转一圈用时最长。距太阳越近的行星，公转周期越_____。

"算"出来的海王星

　　1781 年，英国天文学家赫歇尔发现了天王星。后来，科学家在观测天王星时，注意到一个奇怪的现象——天王星的运行轨道发生了偏差，这意味着它旁边可能存在着其他天体，这个未知天体的引力导致了这一偏差。

　　1846 年，法国天文学家勒威耶和英国天文学家亚当斯同时通过数学方法推算得到了海王星的位置。后来，德国天文学家伽勒通过望远镜发现了海王星。勒威耶和亚当斯推算出的位置和伽勒观测到的海王星的位置相差无几。因此，人们把海王星的发现归功于勒威耶和亚当斯的神奇计算，并称海王星为"笔尖上的行星"。

看不见就是不存在？这种想法太荒谬了！

勒威耶

第三章
恒星和星系

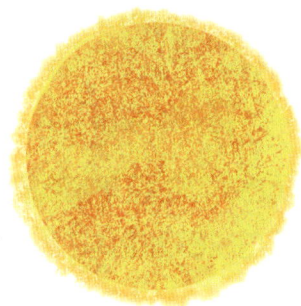

椭圆星系　　　银河系

视星等

不规则星系　旋涡星系

看着漫天繁星，小科心里隐隐地生出一些担忧：作为太阳系的中心，太阳影响着整个太阳系的运行，太阳系中地球和月球组成的地月系统维系着地球上的生命。如果有一天太阳的能量耗尽，这是不是意味着地球上的所有生物都会灭亡呢？

得知小科的担忧后，斯坦爷爷决定先让孩子们了解恒星完整的一生是什么样的。

由气体和尘埃微粒组成的星云是恒星诞生的摇篮。星云中的物质在引力的作用下，逐渐地聚拢在一起，其密度变得越来越大，最终形成了原恒星。当原恒星内部温度足够高时，核聚变就会发生。

核聚变产生的氢是恒星的能量源，当原恒星的内部能量稳定后，它进入到主序星阶段。在银河系中，90% 以上的恒星处在主序星阶段，太阳目前就处在主序星阶段。

恒星衰老的过程是消耗氢能源的过程，当氢能源耗尽，恒星就会变成另一种天体，质量不同的恒星会有不同的演化历程。

氢能源耗尽后，恒星星体在引力的作用下再度收缩。星体的温度上升并释放出大量的能量。星体体积膨胀，恒星踏入红巨星阶段。

红巨星下一步的演化取决于恒星的质量。大质量的恒星随着温度下降，其引力大增，不断坍缩，发生大爆炸，即超新星爆发。爆发后遗留下来的星体在引力作用下继续坍缩，形成中子星。超新星爆发后，若其星体较大，它最终会坍缩成黑洞。

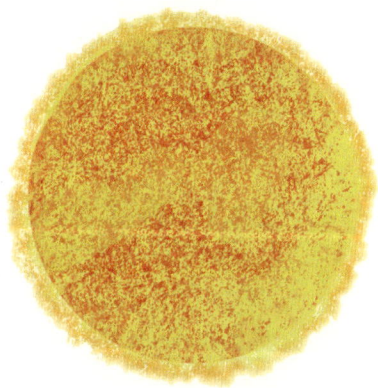

太阳

大质量恒星 ➡ 红巨星 ➡ 超新星 ➡ 中子星

超新星 ➡ 黑洞

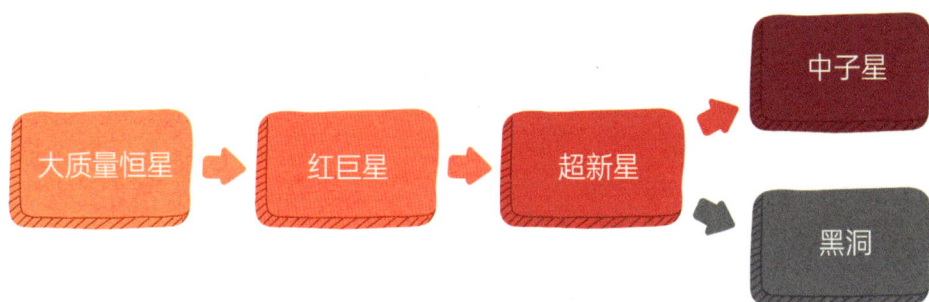

中小质量的恒星会从红巨星阶段进入白矮星阶段。随着恒星星体不断坍缩，恒星的质量越来越大。一颗恒星进入白矮星阶段代表这颗恒星进入消亡的阶段。若恒星继续坍缩，它的星体会开始冷却，最后恒星变成黑矮星。

中小质量恒星 ➡ 红巨星 ➡ 白矮星 ➡ 黑矮星

太阳属于中小质量恒星，其寿命约为 100 亿年。目前，太阳正处在"中年阶段"，还有约 50 亿年才会进入恒星消亡的阶段。

"与其担心太阳和地球什么时候消亡，你不如想想今天的作业写完了没。"小雪对小科说。

你来想一想

宇宙那么大，还有其他星系和我们做伴吗？

31

星系

星系由数量众多的恒星和星际物质组成。每个星系都包含数量高达十亿颗，甚至千亿颗的恒星。根据哈勃提出的分类方法，星系主要分为椭圆星系、旋涡星系和不规则星系。

椭圆星系

椭圆星系是指外形为圆形或椭圆形的一类星系，它记为 E 型。它中心位置亮，越到边缘越暗。

旋涡星系

旋涡星系有明显的核心，从核心延伸出丝带一样的旋臂围绕着核心盘旋，它记为 S 型。

银河系是旋涡星系中的一种星系。我们生活的太阳系并不是星系，而是位于银河系一条旋臂上的恒星系统。人们常说的"银河"其实是人类肉眼能看到的银河系中极小的一部分。

不规则星系

不规则星系的外形没有明显的中心和旋臂，其形状不规则，它记为 Irr 型。

视星等

　　为了更好地比较天体的亮度，古希腊天文学家喜帕恰斯在为天体编制星表的时候，把肉眼能看到的天体，按照视觉的感受划分为 6 个等级，称为"视星等"。肉眼能看到最暗的天体是 6 等星，视星等的值越小，天体就越亮。

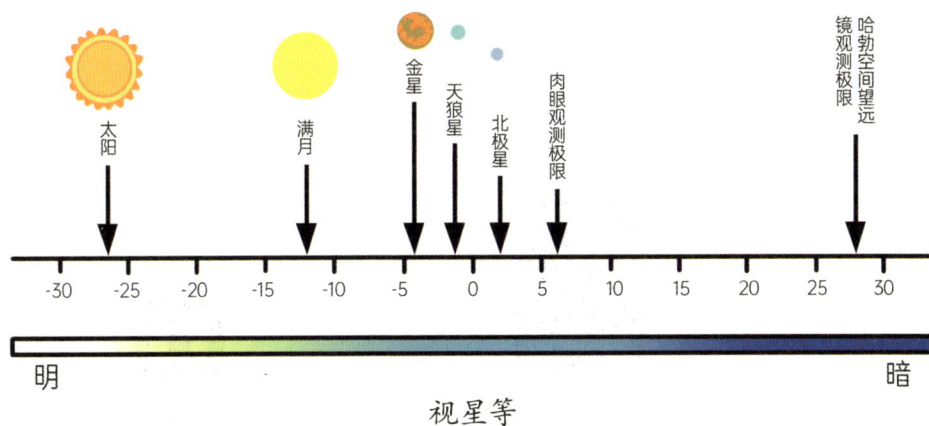

太阳　　满月　　金星　天狼星　北极星　肉眼观测极限　　镜观测极限 哈勃空间望远

-30　-25　-20　-15　-10　-5　0　5　10　15　20　25　30

明　　　　　　　　　　　　　　　　　　　　暗

视星等

实验 制作星座放映器

实验目的

认识不同星座的图形特征。

准备材料

纸杯、深色纸、铅笔、剪刀、笔、胶带、手电筒。

纸杯

深色纸

铅笔

剪刀

笔

胶带

手电筒

实验步骤

1.将纸杯放在深色纸上，沿着杯底画几个圆，并将圆形裁下。

34

2. 在圆形纸上画出星座图。用笔尖在星座图亮星的位置上扎孔，注意小孔不要太大。

3. 剪掉纸杯底部，用胶带将星座图固定在剪好的圆口处。

4. 关掉屋里的灯，打开手电筒照着纸杯，把星座图投影在墙面上。

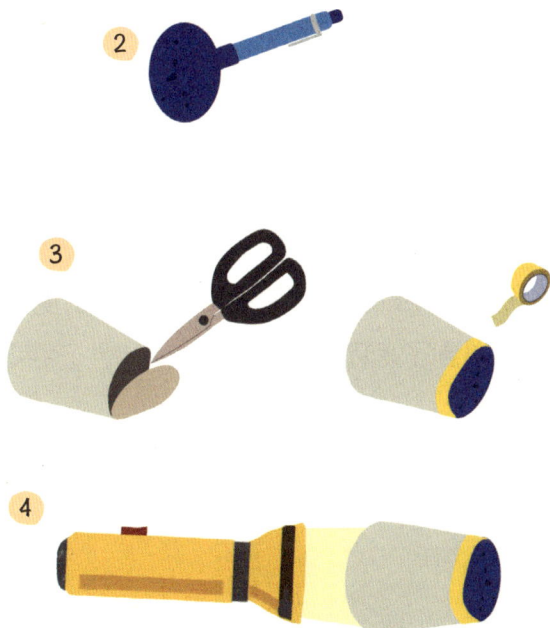

实验小结

我们在地球上看到的星座，是_____。

星座

古时候，人们为了观测、研究天上的恒星，将它们在天空这个幕布中投下的影像，划分成不同的区域，一个区域就是一个星座。

黑洞

在天文学家探索宇宙的过程中，奇特的概念层出不穷，黑洞便是其中之一。在很长一段时间里，黑洞只是爱因斯坦在他的广义相对论中推论出来的一类天体。

黑洞的质量很大，能产生强大的引力。在黑洞的引力范围内，一切物质都会被牢牢抓住，连光都无法逃脱。

一直以来，人们通过各种间接的证据侧面证明了黑洞的存在。2019年4月10日，在多国科学家的努力下，由全球8台射电望远镜组成的"事件视界望远镜"拍摄到了黑洞的影像。这一决定性证据揭开了黑洞的神秘面纱。

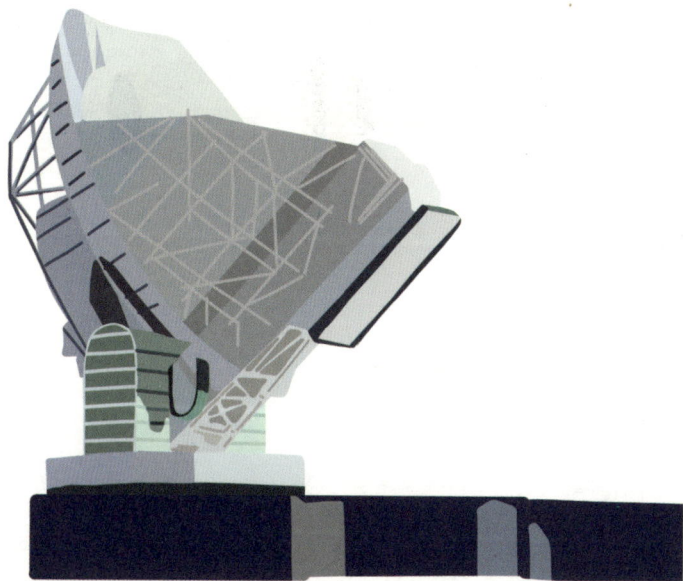

南极射电望远镜

第四章
太空探索

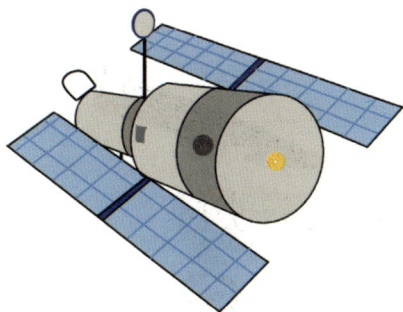

天文望远镜　　人造地球卫星

空间探测器　　火箭
　　　　　　　　航天飞机

宇宙飞船　　　轨道空间站

"世界上第一台望远镜是什么时候出现的呢？"布布好奇地问。

"关于望远镜的发明，有很多种说法。流传最广的说法是，在17世纪初，荷兰眼镜商人李普希发明了望远镜。"斯坦爷爷打开了话匣子。

"据说，一天，在李普希的眼镜店里，两个孩子在柜台旁玩耍，他们拿着两片不同的镜片，排成了一排。李普希透过两片镜片，无意间发现远处的建筑看起来变大了。

"李普希也是一位发明家，他敏锐地捕捉到这个偶然现象，并意识到它的重要性。他发现，把焦距较长的凸透镜固定在圆筒外侧，作为物镜，把焦距较短的凹透镜固定在靠近观察者的圆筒内侧，作为目镜，这样就能够清晰地观察到远处的景物了。于是，第一台望远镜诞生了。

"之后，意大利物理学家、天文学家伽利略制造了一个放大倍数更高的望远镜。伽利略把这个长度只有1 m，一只手就能操作的望远镜对准了月亮。这实现了人类对月球表面的首次观测。

伽利略

"后来，通过望远镜，伽利略发现了越来越多的天文现象，这些都成为支持日心说的有力证据。伽利略发明的望远镜，打开了人类观测宇宙的新大门。"

你来想一想

你还知道哪些宇宙观测设备呢？

天文望远镜

天文望远镜是我们观测天体的主要工具，按照观测波段可以分为光学望远镜和射电望远镜等。

光学望远镜

大多数天文爱好者使用的望远镜都是光学望远镜，它分为折射式望远镜、反射式望远镜和折反射式望远镜等。

哈勃空间望远镜是安装在人造地球卫星上的光学望远镜，它躲开了地球大气层的干扰，能更好地进行观测。

甚大望远镜是位于智利的大型地基天文观测设备，主要由 4 台 8.2 m 口径的光学望远镜组成。

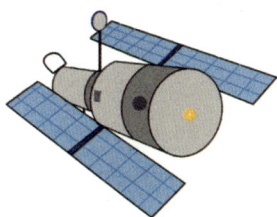

哈勃空间望远镜

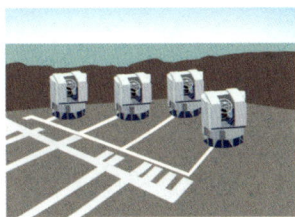

甚大望远镜

射电望远镜

射电望远镜接收宇宙中各种天体发射出来的无线电波，并不间断地对无线电波进行观测和记录。射电望远镜体型巨大，一般都分布在空旷的地方。位于贵州平塘的巨型射电望远镜——中国天眼，是 500 m 口径球面射电望远镜，建成时是当时世界上最大口径的射电望远镜。

中国天眼

航天器

航天器是指在太空中运行，执行人类对太空探索、开发等特定任务的飞行器。

人造地球卫星

人类制造的、能围绕地球沿固定轨道运行的无人航天器。1957 年，人类成功发射第一颗人造地球卫星。这种航天器数量众多、用途广泛，主要分为科学卫星、技术试验卫星和应用卫星三类，可以应用于国家安全防护、气象观测和地球资源调查等领域。

空间探测器

通过环绕、飞越、撞击、着陆等探测方式，对地球外的天体和空间进行探测的无人航天器。中国已经成功发射了嫦娥 1 号到嫦娥 5 号共 5 台月球探测器。

空间探测器

轨道空间站

在地球卫星轨道上建立的巨型载人航天器。轨道空间站可以长时间地运行，为航天员提供工作、生活所需要的物资和设施。轨道空间站分为单一式和组合式两种。简单来说，单一式轨道空间站的航天器整体发射，进入轨道，组合式轨道空间站的各个组件被分批送入轨道，在太空中完成组装。

中国是拥有自主研发的轨道空间站的国家。中国的轨道空间站叫中国空间站，又叫天宫空间站。

火箭

火箭是不依赖外界设备产生推力，自身就带有发动机工作所需的推进剂的飞行器。

火箭主要分为运载火箭和探空火箭两类。运载火箭像宇宙快递员一样将人造地球卫星、空间探测器等航天器运送到太空；探空火箭是针对人造地球卫星无法覆盖的区域，将探测设备送入相应的位置进行宇宙探测的飞行器。

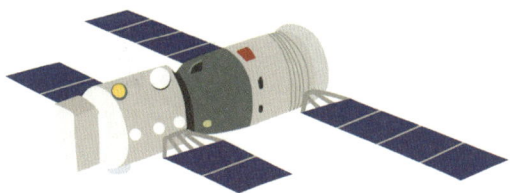

宇宙飞船

宇宙飞船是能将航天员和货物送入太空，并安全返航的航天器。神舟号宇宙飞船是我国自行研制的宇宙飞船。神舟 5 号成功发射，这使中国成为世界上第三个独立掌握载人航天技术的国家。

航天飞机

航天飞机是有人驾驶的、可以往返于地面和宇宙空间的、可以重复使用的运载航天器。

航天飞机比宇宙飞船的装载空间更大，可以运载更多的航天员和货物。它既能够垂直起飞，又能像飞机那样水平着陆。目前，航天飞机均已停用。

实验 自制望远镜

实验目的

了解望远镜的基本结构。

准备材料

凸透镜镜片（大）、凹透镜镜片（小）、卡纸、胶带、双面胶、剪刀。

凸透镜
镜片　　凹透镜
　　　　镜片　　　　卡纸

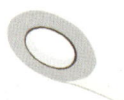

胶带　　　双面胶　　　剪刀

实验步骤

1. 用卡纸制作粗、细两个纸筒，粗纸筒正好能套住细纸筒。

①

2. 用剪刀在粗纸筒上剪出一条正好能插入凸透镜镜片的缝，在细纸筒上剪出一条正好能插入凹透镜镜片的缝。

②

3. 将凸透镜镜片插入粗纸筒，将凹透镜镜片插入细纸筒，用胶带固定好镜片。将安装好镜片的纸筒组装好。

③

4. 眼睛靠近细纸筒一端，滑动纸筒，观察远处的物体。

注意：请不要用望远镜直接观察太阳。

④

实验·小·结

一边调整纸筒间两个镜片间的距离，一边用自制望远镜观察远处的物体，你会发现远处较小的物体透过望远镜看会逐渐变大、变清晰。

我们自制的望远镜实际上是伽利略望远镜。离观测物体较近的凸透镜是物镜，离观测者较近的凹透镜是目镜。伽利略望远镜结构简单，方便携带。它的缺点是成像比较模糊，视野也比较小。

在此之后，天文学家开普勒也制造出一种望远镜。他将目镜和物镜都换成了凸透镜，这款望远镜的放大率提高了很多。它的缺点是成像是上下左右颠倒的。

物理学家牛顿在物镜和目镜中间添加了一块倾斜的副镜，这让牛顿望远镜的放大率比开普勒望远镜提升了不少。伽利略望远镜和开普勒望远镜都是折射望远镜，牛顿望远镜是反射望远镜。

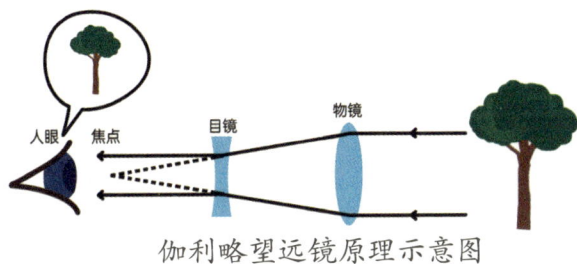

伽利略望远镜原理示意图

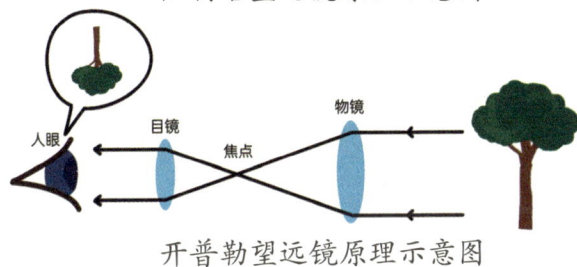

开普勒望远镜原理示意图

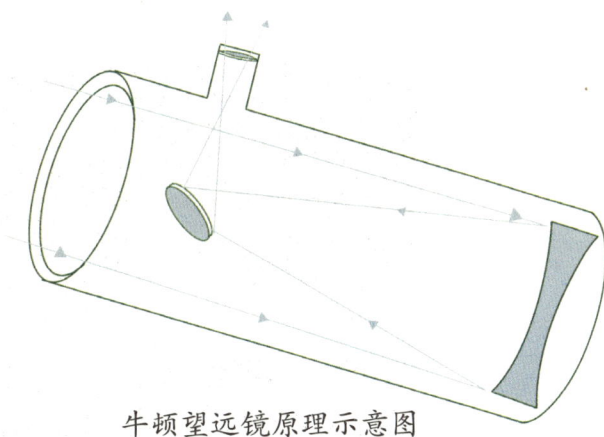

牛顿望远镜原理示意图

太空探索的未来

人类对于宇宙的好奇，从我们第一次仰望星空时就开始了。那时候，人类靠双眼观察星辰，总结它们变化的规律，通过测算制定历法。

天体的表面是什么样的？看似黑暗的地方是不是还有别的天体……通过地面和太空的天文设备，宇宙探索也渐渐从想象变成了现实。

近年来，包括天文学在内的很多科学领域都越来越依赖人工智能。人工智能强大的数据分析能力，让它能快速地、准确地处理天文望远镜、人造地球卫星等宇宙探测设备采集到的数据。根据这些数据，人工智能可以对未知的情况进行分析和预测。

2017 年，美国国家航空和航天局宣布，谷歌人工智能通过分析开普勒望远镜的观测数据，发现了一个"迷你太阳系"——开普勒 -90 星系。随着人工智能技术应用于太空探索，宇宙观测设备性能不断提升，我们对宇宙的认知也将不断加深。

更多的宇宙奥秘，正等待着我们去探索……